培育智慧型读者

课程视野下整本书阅读的设计与实施

瞿卫华 著

陕西新华出版
陕西人民教育出版社
·西安·

图书在版编目（CIP）数据

培育智慧型读者：课程视野下整本书阅读的设计与实施 / 瞿卫华著. -- 西安：陕西人民教育出版社，2024.9. -- ISBN 978-7-5757-0195-2

Ⅰ. G423.02

中国国家版本馆 CIP 数据核字第 2024PH5967 号

培育智慧型读者：课程视野下整本书阅读的设计与实施
PEIYU ZHIHUI XING DUZHE KECHENG SHIYE XIA ZHENGBENSHU YUEDU DE SHEJI YU SHISHI
瞿卫华 著

出品人	李晓明 叶 峰
出版发行	陕西人民教育出版社
地 址	西安市丈八五路 58 号
邮 编	710077
经 销	各地新华书店
印 刷	西安创维印务有限公司
开 本	787 毫米×1092 毫米 1/16
印 张	14
字 数	280 千字
版 次	2024 年 9 月第 1 版
印 次	2024 年 9 月第 1 次印刷
书 号	ISBN 978-7-5757-0195-2
定 价	48.00 元

序

阅读的重要性不言而喻。习近平总书记在致首届全民阅读大会的贺信中强调，“阅读是人类获取知识、启智增慧、培养道德的重要途径，可以让人得到思想启发，树立崇高理想，涵养浩然之气”。2023 年 3 月，为了进一步推动青少年阅读，教育部、中央宣传部、中央网信办、文化和旅游部、中华全国总工会、共青团中央、全国妇联、中国科协等八部门印发通知，发布《全国青少年学生读书行动实施方案》。对当下学校教育而言，无论是立足学生的精神发育与成长，还是语文学科的高品质学习，我们都需要将学生引领到热爱阅读、沉浸阅读的道路上来。在这个过程中，教师是最为关键的因素。因此，目前迫切需要教师能够率先成为成熟的阅读者，进而成为学生阅读的引领者、组织者与推动者。瞿卫华正是这样一位教师，他既是一名阅读的资深爱好者，又是一名阅读的倾情推广者。

瞿老师在整本书阅读研究领域已经默默探索了二十多年。读着那一个个鲜活的实践案例，我们仿佛看到了他在课程视野下实践整本书阅读的孜孜不倦。他虔诚的身影既饱蘸着他对阅读的满腔热爱，也饱含着他对教育的满腔热情。因为曾享受过阅读的无尽滋养，所以他也期盼着通过自己的教育教学将这份益处分享给学生。因为秉持这样一种职业道德，所以他不管在城区学校、城乡结合部学校，还是农村学校，都能够围绕整本书阅读寻找到实践方向，并且快速地沉潜下去，或在班级打造阅读教室，或在学校推行阅读文化……所有这一切，都是为了让阅读成为学生的学习方式，让阅读成为学生的精神圣殿。

纵观瞿老师课程视野下整本书阅读研究，我们发现他找到了一条很好的实践路径，那就是与课题研究结合起来。这些年，他几乎一直都锚定在"培养智慧型读者"这一方向上，从不同的层面来探究学生智慧阅读的研究目的、研究内容、研究方式与研究价值。通过这些年的探究，他收获了丰硕的成果。他既能站在学校整体办学的层面上思考整本书阅读的课程化操作，也能站在阅读教室打造的基础上思考整本书阅读的推进策略。他努力站在课程的视野下探索整本书阅读，有了很多有价值的实践，比如阅读单导读、对话型读书笔记、阅读教室打造、阅读教师培养等。他不仅在《人民教育》《小学语文教与学》《语文建设》等期刊上发表了多篇有关整本书阅读的研究文章，还形成了多个具有影响力的教学案例。

将已有的研究成果按照一定的体例收集、整理出来，一方面是对过往研究与实践的总结，另一方面是为了更好地再出发。课程视野下整本书阅读研究是一片广阔的天地，研究它不仅能丰富自己，还能福泽学生。我相信他会继续深研下去、延展开去，并将取得更为丰硕的成果。让我们一起期待！

汪政

（江苏省作家协会副主席，江苏省评论家协会主席）

目录

第一章 课程视野下整本书阅读的设计

第二章 课程视野下整本书阅读的实施

第三章 课程视野下整本书阅读的评价

第四章 打造一间朝向学生的阅读教室

附录

第 一 章

课程视野下整本书阅读的设计

ONE

整本书阅读的历史由来已久，从曾祥芹、张维坤、黄果泉编著的《古代阅读论》一书中，我们可以看到中国古代就有着丰富的阅读理论与实践体系。到了近代，整本书阅读进一步发展。1941 年，叶圣陶先生在《论中学国文课程标准的修订》中第一次明确提出要读整本书。2001 年发布的《语文课程标准》提出“多读书，好读书，读好书，读整本书”。2017 年颁布的《普通高中语文课程标准（2017 年版）》与 2022 年发布的《义务教育语文课程标准（2022 年版）》则明确提出了“整本书阅读任务群”。

什么是整本书阅读？借用《义务教育语文课程标准（2022 年版）》中对整本书阅读任务群的界定，即“引导学生在语文实践活动中，根据阅读目的和兴趣选择合适的图书，制订阅读计划，综合运用多种方法阅读整本书；借助多种方式分享阅读心得，交流研讨阅读中的问题，积累整本书阅读经验，养成良好阅读习惯，提高整体认知能力，丰富精神世界”。

整本书阅读有没有成为课程的可能？事实上，当下很多热衷于整本书阅读的老师所进行的实践都具备了目标设计、内容选择与组织、实施、评价这四个维度，这已经让整本书阅读走向了课程化。当然，要想让整本书阅读真正成为语文学科的有机组成部分，也必须实现课程化。在我的理解中，“课程视野下整本书阅读”是教师立足学校、家庭、社区开展阅读推广的层面，通过阅读环境的构建、阅读资源的提供、整本书阅读的推进、阅读活动的开展、阅读评价的促进等方式，在多维协同、互助共建的过程中推动学生阅读整本书，从而促进学生阅读素养的提升和精神品格的陶冶。

第一节　目标设置

课程视野下整本书阅读应设置什么样的目标?《义务教育语文课程标准（2022年版）》的“课程目标”“课程内容”“学业质量”等部分分学段对整本书阅读进行了相关规定。立足学生阅读素养培育的视野，结合学生整本书阅读的现状，我以为课程视野下整本书阅读的终极目标是培育智慧型读者。何谓智慧型读者？智慧型读者应该具有以下几方面特征：1. 目标明确，即知道自己为什么读、怎样读以及该读出什么，对阅读有着清晰且坚定的目标；2. 趣味持久，即已经建立“在阅读中学习与发展”的生活方式，对阅读始终保持着浓厚的兴趣；3. 策略完善，即在长时间的阅读生活中，建立了具有个人风格的阅读方法系统；4. 自我监控，即能够根据自我需求不断调整阅读内容、方式等，有着较强的自我阅读反思力；5. 效能激励，即能够在阅读中时刻体验到自我成长的积极效能，这种自我效能会再次促进阅读的发展，形成良性循环。

综上所述，为了培育智慧型读者，基于学生阅读的现状，我觉得可以从兴趣与意志、意识与监控、策略与迁移、辅助与引领等几个维度对课程视野下整本书阅读目标进行梳理与统整。

一、兴趣与毅力

阅读兴趣是产生阅读动力的重要源泉，阅读毅力是阅读动力的重要保障。二者作为阅读动力的重要组成部分，只有两相结合才能推动学生将自我培塑成终身读者。需要说明的一点是，为什么将“毅力”作为课程视野下整本书阅读的目标之一呢？因为在整本书阅读教学过程中，我们发现，有相当一部分学生虽然对阅读充满兴趣，但他们只能停留在阅读舒适区，面对一些有挑战的阅读材料，他们缺少应对的毅力，进而限制了阅读能力的发展与阅读层次的提升。因此在课程视野下整本书阅读的推进中，我们既要关注学生阅读兴趣的点燃与激发，也要关注阅读毅力的培养与训练。

二、意识与监控

阅读意识就是“认识不同类型图书的特点和价值，根据自身实际确定阅读目的，选择图书和适宜的版本，合理规划阅读时间”。阅读监控能够帮助学生不断检视自我阅读目标的确立、阅读方法的选择、阅读效果的评判等。整本书阅读意识与监控是学生培养良好阅读习惯、形成阅读素养的重要因素，它们涉及阅读自主性层面。在课程视野下整本书阅读推进的过程中，我们尤其要注意从以上两个层面予以关注。积极的阅读意识与有效的阅读监控能帮助学生养成良好的阅读习惯。

三、策略与迁移

阅读策略是提升阅读素养的重要路径。教材提供了丰富的阅读策略体系，比如学会预测、学会提问、提高阅读速度、有目的地阅读等。这些阅读策略是构成阅读素养的重要内核。当然，这些策略仅仅依靠课内的学习是不够的，需要借用整本书阅读去进一步练习与巩固。所以，整本书阅读在组织“课内与课外、个人与集体的阅读活动”时，要关注如何将策略转化为素养，引导学生在教材学习中“习得策略”，在整本书阅读中“运用策略”。当然，除了教材中提供的阅读策略外，我们还应整理、提炼其他阅读策略，以供学生掌握与运用。

四、辅助与引领

对于刚刚学习阅读的学生而言，他们的阅读需要辅导者的引领与指导。因此，辅导与引领也应当成课程视野下整本书阅读设计的目标之一。“有辅助能力的大人”（钱伯斯语）应能“合理推荐和利用适宜的学习资源”，“设计、组织多样的语文实践活动”。家庭、学校、社区的阅读资源与氛围等都是阅读支持系统的有机组成。阅读支持系统即时性、方向性、全面性的辅助与引领，决定了学生阅读生活的品质。因此，支持系统是否完善、功能是否健全与阅读素养能否提升息息相关。

第二节　关系梳理

课程视野下整本书阅读的实施是一个复杂的过程，需要处理好各种关系，比如说集体共读与自主阅读之间，到底哪方面更需要侧重？阅读推荐和自主选书之间，到底该怎样平衡？我们到底该如何正确认识阅读经验和阅读素养的关系？当下学生身处智媒时代，如何引导他们处理好纸质阅读和数字阅读的关系？课程视野下整本书阅读的评价怎样从单项评估走向多维评价？

一、集体共读与自主阅读

从本质上来讲，阅读是个性化行为，但实际上我们常以集体共读的方式来推进整本书阅读任务群。“共读一本书”能够借助范例引导学生学会阅读整本书，但个性化需求往往难以得到满足，容易造成“共读过的书不想再读”的现象。阅读习惯的养成、阅读经验的积累等基本都是在自主阅读中形成的。可是，与集体共读相比，由于自主阅读缺少必要的抓手（比如读什么、怎么读、怎么检查等），因此显得可有可无。在推进整本书阅读任务群的过程中，究竟该怎样摆正集体共读与自主阅读的关系呢？

第一，在集体共读中为自主阅读开辟空间。预设集体共读任务时，可以先明确共同学什么、自主读什么，从而为自主阅读提供可能。《义务教育语文课程标准（2022 年版）》显然已经关注到集体共读与自主阅读的失衡问题，所以从阅读氛围的营建、个性经验的共建、独特见解的呵护等方面提出了具体要求。在集体共读中，可以共同学习一些阅读策略方面的内容，比如如何制订阅读计划，如何运用多种方法进行阅读，如何借助多种方式分享阅读心得等；至于学生制订怎样的阅读计划，采用哪一种方法阅读，运用何种方式分享阅读心得等，则可以让学生自主选择。

第二，就现状而言，我们需要像集体共读一样，为自主阅读提供时间保障。当下，随着年级升高，自主阅读的时间越来越少。学生要养成良好的阅读习惯，需要有充足的时间进行阅读实践，只有这样才能产生阅读心流。齐克森米哈里认为心流是“意识和谐有序的一种状态，当事人心甘情愿、纯粹无私地去做一件事，不掺杂任何其他企求”，它具有“使人生更丰富、更紧凑、更有意义的潜力”。玛丽安娜·沃尔夫在《普鲁斯特与乌贼》中明确指出“当阅读发生时，个体的大脑无论是在生理层面还是在智力层面都发生了永久性的变化”。可见，阅读心流、阅读脑的形成都需要阅读时间来保障。因此，自主阅读也需要像集体共读一样，从时间上予以落实。

第三，自主阅读也需要贴身式指导。以往，我们将阅读指导的精力基本花费在集体共读上，实际上，自主阅读更需要我们有针对性的指导，这样才能满足各个阅读层次学生的不同需求。一般而言，阅读层次较高的学生，需要教师能够提供更多的精彩书目，以便将阅读引向更为广阔的未知空间；阅读层次中等的学生，需要教师能够带领他们发现书中更多的况味，以便实现个体意义的生长；对于阅读层次较低的学生，他们可能还纠缠在能不能读得懂、要不要继续读的困境中，这时需要教师引导和鼓励，以便他们能将阅读进行下去。

二、阅读推荐与自主选书

《义务教育语文课程标准（2022 年版）》和教材的“快乐读书吧”都分别推荐了一些书目，目前老师们都将这些推荐书目作为集体共读的课程资源，但学生的阅读生涯仅仅依靠这些推荐书目来支撑，显然是不够的。我们还应该为学生阅读提供更为丰富的书籍资源库和自主选择权。要解决这个问题，我认为要做到以下两点：

首先，要将阅读推荐再向前推进一步。学生的阅读生涯刚开始起步，哪些读物适合哪些读物不适合，他们没有清晰的认识。当学生迫切需要更为丰富且有效的阅读资源时，作为整本书阅读任务群的推进者，教师应及时且准确地给予引导。当然，要想完成这项使命，需要教师成为经验丰富的童书阅读者，拥有海量的童书资源，谙熟童书与年龄层次、阅读需求之间的密切关联。

其次，应该在真实的环境中，帮助学生练习选书的能力。丰富的图书资源是学生自主选书的基础。可惜的是，虽然目前童书市场比较红火，但大部分学校图书馆藏书仍然偏老旧，最新最优的童书不能第一时间进入到校园里来。要解决这个问题，目前还需要教师先做出个人的努力。多年以来，我一直致力于建立和完善个人的童书阅读库，在积累经典童书作品的同时纳入最新的获奖作品，试图包容各种类型的读物，以面向不同层次的学生。为了培养学生自主选书的能力，我每个月都会开展一次“阅读浏览节”，将书库里的书全部搬出来，让学生自由浏览，半小时之后，由学生自主推荐刚才在浏览过程中发现的好书。整个过程，学生兴趣盎然。他们一方面借助同伴分享，拓展了童书的涉猎面；另一方面在浏览、推荐的过程中，自主选书的能力也得到了练习。

当然，也可以将整本书阅读任务群与其他任务群结合起来，让学生在任务驱动的情境下自主选书。

如果学生总是围绕自己的“舒适圈”选书，不愿意接触其他类型的图书怎么办？我以为，此时可以发挥教师阅读推荐的作用，引导学生认识不同类型图书的特点，并鼓励学生尝试阅读，改变阅读认知，最终走向沉浸式阅读。

三、阅读经验与阅读素养

因为学生还处于走向成熟型读者的过程当中，所以他们的阅读经验不一定是完善和有效的，需要教师不断地观察与改造，这样才能最终转化为阅读素养。

要想真正了解学生的阅读经验，我们可以借用各种方式展开调查。根据目的的不同，可将调查分为情况摸底式调查、状态追问式调查、素养考评式调查等。情况摸底式调查一般安排在学期初，教师可以从“阅读兴趣”“阅读动力”“阅读策略”“阅读期待”“阅读支持”等方面展开，以便掌握学生的阅读基础，为新学期整本书阅读任务群的推进提供有效参照；状态追问式调查可以随着整本书阅读任务群的推进随时展开，比如“周末读书了吗？读的什么书或为什么不读书？”“这本书你读完了吗？为什么没有读完？”“这本书读起来有挑战，读还是不读？为什么？”通过这些调查了解学生阅读的真实状态，以便及时调整任务群推进策略；素养考评式调查一般安排在学期末，可以从“新读到的书”“习得的方法”“获得的新知识”“阅读的再规划”等方面调查学生一学期以来阅读的进步与发展。

经过调查，我们可以发现学生的阅读经验世界是极其复杂的，就像草木芜杂的丛林。为了进一步改造这些经验，我们需要对它们进行性质判断：不利于阅读素养发展的经验，需要及时介入，进行调整与完善；有利于阅读素养形成的经验，需要继续健全与发展。比如，就“一本书读完了你愿意和别人交流吗？为什么”这一调查，我发现大部分同学都不愿意和别人分享阅读感受，原因各种各样。为了改变这种现状，我按照以下三个步骤对学生这一阅读经验进行了改造与发展：第一步，推进“我把读后感说给你听”的活动，每天利用 10 分钟时间组织学生先和同桌分享阅读体会，再抽取代表在班级交流；第二步，待大部分学生养成了分享习惯后，我以“阅读分享时，你和别人交流了哪些内容呢”这一话题进行了状态追问式调查，以便全面了解学生分享的内容；第三步，引导学生采用不同方式进行阅读交流，比如在教室设计“百感交集”区，引导学生用书面形式介绍自己的阅读感悟，在班级微信群用留言接龙的方式进行交流等。

四、纸质阅读与数字阅读

《义务教育语文课程标准（2022 年版）》要求我们“认识信息技术对学生阅读和表达交流等带来的深刻影响”，搜集优质的电子书籍、故事音频、精品视频等“开发阅读资源库、跨媒介阅读平台”，为学生的数字阅读提供便利。根据《2020 年中国儿童数字阅读报告》中有关儿童数字阅读使用场景的调研统计，数字阅读目前已经填充到儿童大部分的业余时间和生活空间。从这个角度来讲，我们的教学探索可能已经落后于学生真实的数字阅读现状。

要改变这种情况，需要立足儿童的视角来辨析数字阅读的利与弊。数字阅读的优势主要表现为内容更丰富、形式更多样、刺激更多元、主体更明晰、反馈更及时等；弊端主要是阅读偏向娱乐、思维走向碎片、容易受到干扰、侧重于视频、难以拥有深度等。我们可以采用“取长补短”的方式，将纸质阅读与数字阅读有机结合，为儿童创造立体且多元、生动且有趣的阅读生活。以《战马》一书的阅读为例：先让学生利用睡前或闲暇时间听小说音频，以获得初步印象；在共读过程中，可以重回纸质书，制订计划，借助内容梳理等工具有序推进自主阅读；集体交流时，通过话题研讨，感悟战马形象，体会表达效果；然后可以连接互联网，搜集网络上对《战马》一书的评论，挑选有价值的内容深读，以完善自我阅读感悟，并进行集体交流；也可以观看《战马》电影，比较书籍与电影这两种不同艺术形式的特点；还可以借助网络，以文字或视频的形式发表自己对《战马》一书的赏析。这个案例，分别择取纸质阅读与数字阅读的长处，让学生在互相融合的过程中，获得最大的阅读收益，习得跨媒介阅读的具体方法。

值得注意的是，在当下纸质阅读与数字阅读不对称的情况下，教师还应从这几方面进行努力：从现状、监控、策略、建构等方面对学生数字阅读进行研究，以便更好地对学生进行指导；就当下现状而言，应注重学生对数字资源的辨析能力、选择能力的培养；搜集优质的电子书籍、故事音频、精品视频等建立数字阅读资源库，为学生的数字阅读提供便利。

五、单项评估与多维评价

当下，整本书阅读评价呈现两种方式：一是以阅读检测代替阅读评价；二是以阅读活动代替阅读评价。这两种方式确实是阅读评价的有机组成，但面对整本书阅读任务群的复杂与多元，仅依靠以上两种方式的评价显然是不够的。因此，整本书阅读任务群呼唤多维评价。

多维评价，评什么？可以将影响整本书阅读素养形成的相关要素都提取出来。阅读兴趣、阅读毅力、阅读理解、阅读策略、阅读积累、阅读监控、阅读反思、阅读交流、阅读支持等都应该成为整本书阅读任务群评价的内容。阅读兴趣是产生阅读动力的重要源泉，阅读毅力是长线阅读、挑战阅读的重要保障，阅读理解是阅读能力的核心部分，阅读策略是阅读实践的方法系统，阅读监控是阅读过程的品质保障，阅读反思是素养形成的关键推动……这些要素在评价时要根据实际情况，或专项开展，或组合推进。

多维评价，怎么评？因为阅读素养形成具有多面性、内隐性、个体性、情境性、实践性等特征，所以在评价时需要多种方式相结合，其中长线观察、建立档案、共同评价是比较有效的方式。教师要借助各类调查、阅读检测、阅读作业、展示活动等观察和测评手段，对学生建立长线观察机制，以实现对学生阅读素养形成状态的准确定位；学生要注意收集整本书阅读任务群推进过程中的各项问题与表现，建立个体阅读档案，从各个维度记录自己的阅读成长；教师、家长、同学、自我都应是阅读评价的参与者，全视角、全方位地为学生的阅读素养画像，以便学生对自我阅读素养形成完整认知。

多维评价除了形成过程性与终结性结果，还须将评价结果从以下两个维度进行运用：展开专项式推进，多维评价可以围绕某一阅读素养集中力量进行培育，比如我曾利用一个学期专门培养三年级学生的自主阅读能力，改变他们需要老师“监督着读”的现状；实施个别化辅导，因为多维评价让每一个学生的整本书阅读素养都具有了具体描述，所以有利于教师根据个体特点展开辅导，引导学生进一步发展自身阅读能力。

学生阅读要从初学、进阶，走向胜任、精通，课程视野下整本书阅读的设计至关重要，以上层面均需在实践中理性廓清、妥善处理。只有这样，学生阅读素养才能获得真正的发展与提高。

第三节　内容聚焦

从广义上来讲，课程视野下整本书阅读的推进是立体、多元的，在设计中需要采用全纳入的方式，从方案设计、环境建设、阅读项目、活动创生、支持系统等层面予以逐一落实。下面，我从广义操作层面，来谈谈课程视野下整本书阅读的内容安排。

一、方案设计

课程视野下整本书阅读方案作为推进整本书阅读的“蓝图”，在实施之前，我们需要最先完成方案设计。设计方案时，我们需要注意如下几方面：目标与《义务教育语文课程标准（2022 年版）》等的要求是否符合，与学生的水平、需求是否适切；内容的选择是否适当、使用是否方便、顺序是否合理、衔接是否得到关注；体系的设计方面，结构是否完整、建构是否合理；相关配套资源是否丰富、使用是否便利等。

当下，课程视野下整本书阅读推进时，经常会出现一种“模糊主义”，其本质就是没有进行任何的方案设计，只是从一些惯常的方式入手，临到总结的时候，将相关联的内容都纳入课程视野下整本书阅读之中。虽说方案的推进存在着一定的不可预设性，但是，如果从一开始就没有相应的预设，那在实施的过程中，肯定难以从目标、内容、实施、评价等层面保证课程视野下整本书阅读的真正落实。

二、环境建设

根据学生阅读活动发生的场景，可以将阅读环境分为班级阅读环境、学校阅读环境、家庭阅读环境、社区阅读环境等。在阅读环境设置时，要根据不同环境应具备的功能进行创设。

班级阅读环境的布置应关注以下内容：是否建立了班级图书角且有一定的书源？班级是否有阅读口号？班级是否有相应的阅读成果展示区域……对于学校阅读环境布置我们应该关注以下内容：是否为学生阅读营造了浓郁的氛围？是否为不同年龄层次的学生提供了可供借鉴的书目信息？是否为学生阅读提供了随手可得的书源？是否为学生阅读提供了明确的精神指引……家庭阅读环境的布置应关注是否有自己的书桌、书橱、阅读灯等；社区阅读环境的布置应关注是否为阅读提供了场所、书籍等资源。

三、内容规划

学生进行整本书阅读主要分为以下三个层面：

第一，《义务教育语文课程标准（2022 年版）》及教材推荐书目的整本书共读。作为必读书，我们需要关注“导读：激发兴趣，明确任务”、“读中：阅读工具介入，有计划推进”、“读后：阅读交流与成果分享”这些环节的具体落实。

那么，到底有哪些规定书目呢？《义务教育语文课程标准（2022 年版）》中的课程内容对整本书阅读的内容和具体要求进行了规定，梳理如下：

第一学段（一到二年级）	
阅读内容	阅读要求
富有童趣的图画书等浅易的读物	体会读书的快乐
优秀的儿歌集	感受儿歌的韵味和童趣
自己喜欢的童话书	想象故事中的画面，学习讲述书中的故事

第二学段（三到四年级）	
阅读内容	阅读要求
表现英雄模范事迹的图书，如《小英雄雨来》《雷锋的故事》等	讲述英雄模范的动人故事
儿童文学名著，如《稻草人》《爱的教育》等	感受作品传达的真善美，用自己喜欢的方式讲述故事大意
中国古今寓言、中国神话传说等	学习其中蕴含的中华智慧，口头或书面分享自己获得的启示

第三学段（五到六年级）	
阅读内容	阅读要求
反映革命传统的作品，如《可爱的中国》《小兵张嘎》《闪闪的红星》等	讲述自己感受到的家国情怀和爱国精神
文学、科普、科幻等方面的优秀作品，如《寄小读者》《十万个为什么》《海底两万里》等	学习梳理作品的基本内容，针对作品中感兴趣的话题展开交流
小学阶段阅读过的相关书籍	梳理、反思小学阶段的阅读生活，运用口头或书面方式与同学分享自己整本书阅读的经历、体会和阅读方法

第二，学校自主推荐书目的阅读。在《义务教育语文课程标准（2022年版）》及教材规定书目基础上，学校纳入其他优质童书，尝试在英语阅读、数学阅读、科学阅读层面等进行拓展，构建校本推荐书目。

第三，学生根据自身需求进行的整本书阅读，这一层面向学生真实的阅读生活打开，关注学生在日常生活中读什么、怎么读以及读得怎样。

以上三个层面构成了学生整本书阅读的完整书目。

四、活动创生

为了推动课程视野下整本书阅读，学校经常会组织各种语文实践活动。我在学校先后开展过“图画书节”“带一本好书回家过年”“故事妈妈进校园”“阅读浏览节”“红色经典阅读+”等活动。不同的阅读活动有不同的目标、内容与评价方式。以“校长伯伯讲图画书”这一长线活动为例，其目标是通过校长到低年级各班讲图画书，让学生了解更多的图画

/带一本好书回家过年

书，体会读书的快乐；给教师树立榜样，引导他们鼓励学生多读书、读好书。再以“带一本好书回家过年”为例，当时我所在学校的学生都是外来务工子弟，每年他们都需要回家过年。为了让学生进一步形成阅读的好习惯，并将阅读之风带到自己的家乡，每年春节时，我们都会让学生挑选一本好书，带回家自己读，给家人们读。

五、阅读支持

学生的阅读需要支持。阅读支持系统包括学校支持、家长支持以及社区支持等。学校支持的关键因素是教师，班级作为学校整本书阅读的重要阵地，学生整本书阅读素养的形成状态主要看教师的引导。家长支持包括家庭阅读环境营造与阅读榜样塑造。社区支持主要是结合图书馆资源或建立社区书架，定期开展故事会等活动，为学生闲暇时间的阅读提供便利与指导。这三个层面的支持都需要我们在构建课程视野下整本书阅读时予以关注，因为就现实而言，这几个层面的支持都存在相应的不足。就学校支持而言，不同学校对整本书阅读的目标定位、操作方式都存在着差异；就家长支持而言，不同文化层次的家长对学生阅读的支持力度不一样；就社区支持而言，地区差异也是不小的，有些社区不但拥有条件优渥的阅读环境，还定期安排阅读讲座，但有些社区可能连一个图书角都没有。

在日常教学中，我们会将推进整本书阅读作为主要内容，但是，随着课程的不断深入，我们会不由自主地纳入其他相关因素。因为要真正提升学生阅读素养，方案设计、处境建设、活动创生、阅读支持等内容也不可或缺。

第四节　体系建构

课程视野下整本书阅读的推进与落实是一个系统工程。从广义的角度来说，可以从这几个层面入手：阅读环境的设计与布置，从“校园—教室—家庭—社区”这四个维度提供阅读资源，打造阅读区域，营造阅读氛围；阅读辅导者的培训，从教师、家长、社区志愿者等相关人员入手，引导他们走进各种童书，学会阅读推广；整本书阅读的实施，从读前推荐、读中推进、读后交流等环节入手，带领学生高品质地读好每一本书……

下面，我站在狭义的整本书阅读层面，来谈谈如何采用多维共建的方式来设计课程视野下的整本书阅读。

一、阅读方式组合：“共读”与“漂读”相搭配

所谓“共读”，即全班一起阅读一本书。正如上文所述，“共读”一般都会集体制订阅读计划，按照“读前”“读中”“读后”的顺序来推进。“共读”有利于集体指导，提高阅读品质。在操作的过程中，我们一般都

会选择重要书籍进行“共读”，比如《义务教育语文课程标准（2022 年版）》和教材推荐的阅读书目。

所谓“漂读”，就是将自己读过的书传给下一个爱书人阅读，彼此分享读书的快乐与收获，如此循环往复。每学期我都会组织学生开展 2～3 次的全班性“漂读”。利用教师匹配的书源，由教师统一组织“漂流”，在“漂读”的过程中辅以相应的活动。“漂读”之前，教师可以采用“大声读”的方式激发学生的阅读兴趣；“漂读”过程，教师也可以组织“漂读感”评比；“漂读”结束，教师还可以组织相关考核（可以前后桌组成读书小组，也可以由教师指派学生成立读书小组，“考核”时根据所读内容提出 3～5 个问题，由读书者回答），“考核”过关就可以在班级“漂读榜”上粘贴一颗五角星，定期根据学生“漂读”的书量发放一定的奖品。

“共读”与“漂读”相结合，既实现了课程视野下整本书阅读的辅导性，让学生获得深度阅读体验、习得阅读策略，又赋予学生自主阅读的空间，让学生拥有了自主选择、自由发展的空间。两者结合，为课程视野下整本书阅读的推进构建了立体空间。

二、阅读内容整合：“教材”与“整书”相联通

课程视野下整本书阅读应与教材教学形成有效的对流与补充。如何让整本书资源真正构建到学生的教材学习中？我主要以单元重组的方式纳入到教材的学习，以某一主题或某一策略打通了“篇”“本”之间的壁垒，实现了“教材”与“整书”的相融通。

“篇一本”组合：以整书特色为推手，实现“篇”“本”互动。

在《我和祖父的园子》（五年级下册第 2 课）一课备课时，我意识到只凭着一篇课文，难以让学生真正领略《呼兰河传》一书的语言特色，于

是，我以教学《我和祖父的园子》为生发点来引导学生体会“萧红语体”的特点，并以此为突破进行整本书阅读，形成“篇—本”结构的单元。在单元主题“引导学生感悟‘萧红语体’”的观照下，本单元主要由《呼兰河传》课文学习、《呼兰河传》整本书导读、《呼兰河传》阅读单导读、阅读交流（“萧红语体”分享）这样几个部分构成。“篇—本”组合单元中，“篇”好比一个窗口，让学生窥到整本书特色的一斑；“本”好似长廊，让学生充分领略到整书特色的胜景。

“本—本”组合：以补充主题为气口，实现“本”“本”架构。

教材因篇幅等的限制，不可能穷尽学生所感兴趣的话题。这时我们就可以充分利用整本书资源，组合出学生喜欢的主题单元。五年级上学期，当学生开始憧憬冒险时，我组织他们进行了一次阅读“历险”童话之旅，让他们游历了《假话国历险记》《吹牛大王历险记》《鼹鼠的月亮河》《洋葱头历险记》四本书，并充分感受不同情境下的历险。“历险”系列童话班级读书会上，学生纷纷就四个主人公的经历畅谈了自己对历险的理解。有学生甚至获得了这样一种感悟——“历险”也是一种成长方式。因为有了主题单元式的整本书阅读，学生也就有了系统的眼光，体悟自然就不一样。主题单元式的整本书阅读可以让学生获得一种集合式、深入化的阅读感悟。

三、阅读资源创生：“阅读”与“实践”相联手

阅读就是对整本书丰厚资源的吸纳过程，但仅有吸纳难以使学生阅读所得有效内化。对于正处于阅读快速成长期的学生而言，只有将吸纳与倾吐结合起来，借助于言语实践活动，才能使整本书的高质资源，如精彩表达、思想内蕴等，有效建构到他们的言语结构或精神视野中。

“反刍式”积累：纳入晨诵，让特色言语落地生根。

在整本书阅读的过程中，面对别有特色的言语内容或形式，我也会让学生进行一定的摘抄。但对摘抄内容我不会让学生“束之高阁”，而是作为晨读内容纳入了班级晨诵。我先请每个学生都从自己的读书笔记中摘录一个最精彩的段落打印发送到我的邮箱，注明由谁推荐，然后对这些精彩段落进行编选，印成晨诵期刊，发放到学生手中。每周我会抽出一个语文早读，带领学生品读这些精彩段落，或赏，或诵，让学生充分感受这些妙词佳句的魅力。因有了晨诵活动的进一步“反刍”，整本书的言语资源会以一种更为稳定、深刻的印象内化到学生的“言语图式”之中。

“转换式”表达：实现再写，让表达获得智性迁移。

作家的创作激情、特色笔法以及整本书的知识背景都是学生智性迁移的基础。我们可以根据整本书的特点，组织学生进行不同类型的再写活动。可以在作品的奇思妙想后接着往下写，如读完了《幽默三国》后，可以仿照作者周锐的笔法也“大话”一则三国故事；可以在整本书知识基础上再写，如读完了《在飞向宇宙的道路上》后，可以写写自己的宇宙梦；可以在整本书原有的基础上，换一种方式来写，如读完了《昆虫记》后，可以用自述的方式来介绍某一种小动物……

“课题式”研读：鼓励钻研，让体验不断走向高峰。

在阅读的过程中，学生都会围绕整本书生发出许多有价值的问题，对于这些问题，教师应该鼓励学生进行专项性研究，成立“小课题”，进行深入研读。如有学生在阅读完《鲁滨逊漂流记》一书后，对荒岛生存术非常感兴趣，我就鼓励他整理出一套“鲁氏荒岛生存秘籍”；有学生在阅读《西游记》时，对与《西游记》相关的歇后语感兴趣，我就鼓励他搜集资料，整理了“《西游记》歇后语大全”；有学生在阅读《水浒传》时发现武松打虎与李逵打虎不一样，我就鼓励他仔细阅读、深入分析，这位学生最后还完成了一篇比较分析的文章……

四、阅读平台架设："自读"与"互读"相补充

阅读能在静思默想中获得提高，也能在互动交流中获得生长。"互读"能够充分利用共同体的能量，帮助他们寻找到更好的阅读方式，体会到更深入的阅读体验。阅读交流会、"漂读感"评比、阅读单展评等都是较好的"互读"方式。

读书论坛：为了树立阅读的榜样，我"升级"了经常使用的读书小组交流的方式，改为全班举行的读书论坛活动。读书论坛邀请3～5名学生做"坛主"，先由"坛主"发表自己对这本书的看法，然后由下面学生提问、交流。"坛主"需要对所要研讨的书进行深入细读，每人围绕某一方面谈自己的阅读体会；台下的学生可以就阅读过程中产生的问题和"坛主"们交流。我曾就《昆虫记》《骆驼祥子》等整本书开展过读书论坛，在论坛中，"坛主"们的展示、台上台下的互动，对"自读"过程中产生的阅读困惑、理解洼地等都实现了较好的缓解。

班刊《慧读》：为了让学生的阅读能获得一个立体、系统而又生活化、细节化的交流平台，我专门成立了班刊《慧读》。本刊每月一期，作为课程视野下整本书阅读的媒体平台，目的就是分享阅读、学习阅读。为了交流大家阅读《呼兰河传》的体会，我曾以专刊的方式刊登学生《呼兰河传》的批注，让学生感受别人批注的方法与精彩；为了让学生能从名家的阅读经验中汲取经验，我从《阅读改变人生》（巴丹主编）一书中挑选部分名人的阅读经历与故事刊登了一期班刊，让学生阅读并撰写体会；为了让学生分享自己的阅读故事，我以《慧读》为阵地进行"我的阅读故事"

主题征文……《慧读》的创办想努力营造的就是一种浓郁的阅读氛围。

相约作家：与作家相约，聆听作家讲述写作缘由，对读者而言，这是一件多么荣幸而美妙的事情。我们要善于抓住作家进校园的活动，让作家与学生面对面，使学生的“自读”变为能够与作家交流的“互读”。记得著名作家梅子涵来我校的时候，我班上正在“漂读”《女儿的故事》一书。学校就让我和学生一起上了一堂阅读汇报课，赏析了《女儿的故事》一书中的搞笑人物“曹迪民”。课堂上，学生用自己的理解不断还原着、创造着“曹迪民”的人物形象。当然，最让学生激动的还是梅子涵爷爷讲述了生活中的曹迪民以及他为什么要写曹迪民。在欢声笑语中，学生的阅读世界与作家的创作世界实现了有效对接。

课程视野下整本书阅读的设计是一个复杂的系统工程，只要我们牢牢抓住学生整本书阅读素养这一核心，在各种挑战中，我们总能找到适切的建构方式。

/加入南通市中青年名师王笑梅工作室

第 二 章

课程视野下整本书阅读的实施

课程视野下整本书阅读实施的核心环节是如何推动学生读整本书。整本书阅读一般可以分为读前推荐、读中推进、读后交流这样几个环节。读前推荐也就是导读课，主要是教师初步介绍整本书的相关知识，激发学生阅读兴趣，帮助学生制订阅读计划，并对阅读策略等进行适当提示与辅导。读中推进是教师组织学生依据自己制订的阅读计划开展阅读，同时借助各种阅读工具帮助学生进行专项性阅读，比如整理各类知识、梳理人物经历、探讨某些话题等。读后交流是教师根据学生阅读整本书的成果与困惑，结合整本书的阅读目标，创设交流话题与情境，组织学生进行对话、分享，从而实现知识结构的完善、策略体系的建构与精神世界的丰盈。

第一节　读初引路：指向多维自读的阅读单导读

一、阅读单导读的目标构想

学生初读的时候，用阅读单进行引导是一种好方式。什么是阅读单？简要地说，阅读单就是教师围绕学生所读的整本书预设出具有目标指向的思考性话题，并伴随阅读的过程循序推进，从而有效观察学生阅读的真实状态并引导学生提升阅读品质。整本书阅读单应具有趣味性、渐进性、观察性、辅导性、知识性等。趣味性就是说借助阅读单上的话题不断激发、烘焙学生阅读整本书的兴趣；渐进性是指阅读单的安排要根据学生阅读整本书的实际状态有序推进；观察性是指教师借助阅读单来观察学生在整本书阅读过程中的思维、收获、方法等；辅导性是指教师借助阅读单来指导学生有效地开展整本书的阅读；知识性是指阅读单话题的设置要引导学生积累整本书所涉及的相关知识、阅读策略等。

阅读单导读大概包括几个层面的目标：激发学生阅读整本书的兴趣，

所谓“兴趣是最好的老师”，阅读单一定要注意不断激发学生的阅读兴趣；梳理整本书的内容，这是阅读单设置的重要目标，其中大约一半的话题都是围绕这一目标展开的；围绕整本书开展相应的阅读策略训练，为了教学生学会阅读，阅读单应该渗透并开展阅读策略的训练，比如说如何抓住矛盾冲突体会人物形象等；欣赏整本书的妙处，包括人物评价、细节赏析、表达领悟、风格品鉴等，学生可以通过这一目标欣赏到整本书的迷人之处，从而提高欣赏水平；积累整本书中的精彩语段、有趣知识等，这一目标要根据书本的具体情况合理安排，要带领学生积累真正有用的知识、有用的内容；围绕整本书的写作特色进行读写结合的训练，主要是让学生习得作者特别的表达方式。

二、阅读单设置策略

围绕以上整本书阅读的目标，我们该如何设置阅读单呢？根据曾为多本书配置阅读单的经验，我以为阅读单的设置要注意指导策略、趣味策略、积累策略、迁移策略。下面，我就以《上下五千年》一书为例，来谈谈整本书阅读单的设置。

1. 指导策略

这是阅读单话题设置的首要策略，因为阅读单的主要作用就是指导学生进行整本书阅读。那么，阅读单如何体现指导性？首先，就书本内容的理解进行必要的引导。我在设置《上下五千年》阅读单时，至少有一半的话题指向了书本内容的梳理与理解，比如让学生读完某个人物故事之后概括人物的主要经历，或是思考人物是非得失，从而增进对书本内容的把握。比如说，在“诸葛亮隆中对策”这个故事后我就设置了“概括刘备、诸葛亮隆中对策的主要内容”的阅读话题。其次，就阅读这本书的方法进行指导。比如《上下五千年》中出现的人物多如繁星，如何帮助学生记忆这些人物知识呢？我引导学生用不同的方式（按人物的主要特征、不同的朝代罗列、按重要事件串联等方法）梳理人物知识，从而识记这些历史人物。

2. 趣味策略

阅读单不能成为学生阅读的沉重负担，所以，阅读单必须遵循趣味策略。一方面要注意形式上的趣味性，争取让学生一拿到阅读单就有眼前一亮的感觉。我在设置《上下五千年》阅读单时，每一份阅读单都会围绕学生所读内容插入一些有趣的图片，或是人物的画像，或是古代战争的地图，或是古代武器的图片等。比如说，我在“你应该向毛遂学习什么”这一话题旁配上了“毛遂自荐”的邮票，让学生感受历史故事的渊远文化。另一方面要注意思维上的趣味性，学生都喜欢有挑战性的话题。我在阅读单中经常会设置一些具有思考性、意趣性的话题。比如说，学生在读完颜真卿的故事后，我插入了一张颜真卿的书法作品，让学生从“字如其人”的角度去思考颜真卿的书法与人品之间的关系。

3. 积累策略

阅读的过程就是积累的过程，学生在这个过程中积累知识、积累智慧。那么，如何才能引导学生积累呢？这需要教师一方面将整本书中隐含的学习资源提取出来，另外一方面将与此相关的学习资源转移进来。如何将书中隐含的学习资源提取出来？教师应设置一些具有提取倾向的话题，如在读完了范蠡、刘伯温归隐的故事之后，我让学生思考：他们这样一种及时归隐的智慧对你有什么启发？再者，如何将课外的资源转移进来呢？教师在设置阅读单的过程中就应有意识地安排一些与整本书相匹配的积累项目。比如学生在阅读完诸葛亮一章节后，我就在阅读单中安排了诸葛亮的几条格言，让学生理解、背诵；学生在读完陶渊明一章节后，我就在阅读单中节选一段《桃花源记》，让学生记忆、体会。

4. 迁移策略

每本书的表达都不可能完满，为了避免学生以偏概全，教师还应该注意引导学生就相同的内容进行比照式阅读，以获得较为立体的感悟。这就需要教师将书外相关的内容引入到本书的阅读中，用课外的内容对本书的内容进行有效补充。比如学生在读完王莽的故事后，为了防止学生对王莽形成单向的认识，我又补充了一段描写王莽非常孝顺的材料，让学生与书本比照起来评价王莽，这样对王莽形成一个比较全面、深入的评价。同时，我们还可以引导学生学会转移视线，关注更多的与此相关的书籍或其他资源，比如学生在阅读到“墨子主张兼爱”一章节时，我让学生欣赏电影《墨攻》，这样不仅丰满了墨子的故事，还让学生获得一种更为新鲜的阅读体验。

当然，阅读单的设置不可能一成不变，书籍、读者都存在差异，我们还需要根据具体情况进行适度调整与完善。

三、阅读单推行要义

借助阅读单来观察并指导学生的整本书阅读是一个复杂多变的过程，需要语文老师的智慧管理。因为在推行的过程中，时常有意想不到的情况发生，而这些情况往往需要教师能够及时辨别、有效应对。总体而言，在推行的过程中有如下注意点：

1. 加减法原则：以防止阅读单给学生带来负担

借助阅读单进行整本书导读，最首要的准则就是要注意阅读单是否给学生阅读增加了负担。这应该是每一位借助阅读单导读的老师都应该关注的问题。在推行的过程中，我所采取的方式是“加减法”原则。负担过重必然导致肤浅与敷衍。面对可能带来阅读负担的问题，刚起步时，我采取了专门安排整本书阅读课的方式，并通过课内辅导来释减学生在阅读过程中产生的畏难情绪。面对可能带来的学业负担问题，我对学生的语文作业进行了整合，把整本书阅读纳入到每天的作业体系当中。

2. 阶段性介入：让阅读单真正发挥导读的功效

在学生完成阅读单的过程中，有一种现象值得我们关注：很多学生不读书就直接完成阅读单。这样，阅读单的意义与价值被狭隘化为一项应付的任务，表明学生还没有真正认识到阅读单对阅读成长的帮助。这时，我们就需要将阅读单分阶段介入学生的阅读世界。我们可以在学生阅读之前，将阅读单发放给学生，让学生知道今天的阅读需要关注哪些内容，以形成阅读的预期；我们还可以在学生阅读结束时发放阅读单，让学生正好有一个回顾思考，深入书本的过程。在用阅读单导读的起初会有一个适应期，过了适应期之后，学生一般都会将阅读单当成一种提高自身阅读品质的有效方法，那时教师就可以让学生自主使用阅读单。

3. 差异式辅导：关注学生阅读过程的真实状态

阅读单是观察阅读整本书的重要量表，教师可以通过学生完成阅读单的具体情况了解到学生阅读的实际情况，并加以个别化的辅导。比如说，在引导学生阅读《西游记》（改写版）时，我发现部分学生在阅读过程中明显“吃不饱”，于是，我针对这部分学生，让他们自主购买了《西游记》（原著）进行深入阅读。当发现有个别学生根本不能很好地进行阅读时，我就下意识地对他进行专门辅导。比如我从A同学所完成的阅读单中发现他根本没有读懂书中的内容的时候，我和他进行了谈话，了解到他竟然是因为没有耐心将书看完就瞎做一气，于是我就对他进行一对一的阅读辅导，陪他阅读与思考。

4. 跟踪式评比：让学生及时体验到阅读的成功

在整本书阅读的过程中，除了对阅读单进行及时批改、评讲外，教师还需组织相应的活动来激发学生阅读、思考的兴趣，让学生体验到阅读的乐趣与成功。阅读单完成之后，教师千万不可置之一边。阅读单代表着学生阅读劳动的收获，教师理应给予一定的奖励，所以，我经常组织阅读单评比活动。比如说在带领学生阅读《古希腊神话》时，我尝试进行阶段性评比，当学生完成了十张阅读单，我就组织全班进行展评。展评的方式是让每个学生都将所完成的十份阅读单摊放在桌上，然后互相参观、交流，最后由全班同学推荐二十张优秀阅读单（针对完成质量较高的同学），五张进步阅读单（针对完成有进步的同学）。凡是被评为“优秀阅读单”“进步阅读单”的同学均可获得奖品一份（一枚书签、一根棒棒糖等）。如果在这本书阅读的过程中，每次阅读单展评活动中均被评为优秀或进步，那该同学将获得老师赠书一本。

5. 多样式匹配：让学生时刻拥有阅读的真实感

在带领学生利用阅读单导读的过程中，我时刻提醒自己，不要让学生对阅读单形成阅读依赖，千万要防止学生没有阅读单反而不会进行阅读。于是，在阅读《女儿的故事》（梅子涵著）的过程中，我利用阅读单导读的同时还注意让学生“脱敏”：有意空出一些章节的内容，让学生自行设置导读话题，使学生意识到话题就是从阅读体验中产生的；同时，也有意介入自由式阅读的方式。比如说，在班上我除了带领学生开展整本书阅读外，还引导学生开展“漂读”活动。“漂读”就属于一种自由、开放的阅读，你想读什么就读什么，想怎么读就怎么读，没有任何的限定。多样阅读方式的匹配，主要目的还是让学生拥有一个真实、立体、惬意的阅读生活。

在实践过程中，阅读单确实是一种能提高学生整本书阅读品质的有效方式。许多家长和学生都反映，有了阅读单导读，阅读不再为了情节而情节，开始走向有品位、有深度。但是，阅读单导读对老师来说是一个比较复杂的过程，所以教师一定要有持之以恒的毅力，要能够用阅读单贯穿整本书阅读的始终；同时还要注意将阅读单的设置与推行结合起来，用推行来检验设置是否合理，用合理的设置提高推行的效率。

四、阅读单设计示例

《呼兰河传》阅读单（参考版本：人民文学出版社，2018年6月出版）

<table>
<tr><th colspan="3">阅读单（一）</th></tr>
<tr><td>内容</td><td colspan="2">第一章</td></tr>
<tr><td rowspan="11">讨论问题</td><td colspan="2">1. 作者描写呼兰河小城冬天的寒冷时用了不少精妙的细节描写，请你找出两处，摘录下来。</td></tr>
<tr><td>①</td><td>②</td></tr>
<tr><td colspan="2">2. 围绕东二道街上的“泥坑子”，作者不厌其烦地写了很多。“泥坑子”给当地居民带来了什么？写出你的看法。</td></tr>
<tr><td colspan="2"></td></tr>
<tr><td colspan="2">3. 小说中描写了很多生活的琐碎，但是这些琐碎代表的就是生活的真实。阅读“三十多岁的女人带着五个孩子买麻花”这一部分，你读出了什么？</td></tr>
<tr><td colspan="2"></td></tr>
<tr><td colspan="2">4. 呼兰河城的火烧云变化是非常经典的段落，请摘抄描写火烧云颜色变化或形状变化的段落，并背诵。</td></tr>
<tr><td colspan="2"></td></tr>
<tr><td colspan="2">5. 本章作者描写了季节的变化与生死的更替。对于生死的更替，作者有自己的看法，请摘录能体现作者生死观的语段。</td></tr>
<tr><td colspan="2"></td></tr>
</table>

<table>
<tr><th colspan="4">阅读单（二）</th></tr>
<tr><td>内容</td><td colspan="3">第二章</td></tr>
<tr><td rowspan="8">讨论问题</td><td colspan="3">仔细读本章开头：“呼兰河除了这些卑琐平凡的实际生活之外，在精神上，也还有不少的盛举，如：跳大神；唱秧歌；放河灯；野台子戏；四月十八娘娘庙大会……”这段话在章与章之间起到什么作用？作者在本章开头说这些活动是“精神上”的盛举，但是在本章结束又说“这些盛举，都是为鬼而做的，并非为人而做的。至于人去看戏、逛庙，也不过是揩油借光的意思。”那作者在本章开头说是“精神上”的盛举，合适吗？为什么？</td></tr>
<tr><td colspan="3"></td></tr>
<tr><td>盛举</td><td>精彩语段</td><td>概括特点</td></tr>
<tr><td>跳大神</td><td></td><td></td></tr>
<tr><td>唱秧歌</td><td></td><td></td></tr>
<tr><td>放河灯</td><td></td><td></td></tr>
<tr><td>野台子戏</td><td></td><td></td></tr>
<tr><td>四月十八
娘娘庙会</td><td></td><td></td></tr>
</table>

<table>
<tr><th colspan="3">阅读单（三）</th></tr>
<tr><td>内容</td><td colspan="2">第三章</td></tr>
<tr><td rowspan="12">讨论问题</td><td colspan="2">1. “我觉得在这世界上，有了祖父就够了，还怕什么呢？虽然父亲的冷淡，母亲的恶言恶色，和祖母用针刺我手指的这些事，都觉得算不了什么。”这一章中写了哪几件发生在萧红与祖父身上的趣事？每件事可以看出祖父有什么样的特点？</td></tr>
<tr><td>“我”和祖父的趣事</td><td>祖父的特点</td></tr>
<tr><td></td><td></td></tr>
<tr><td></td><td></td></tr>
<tr><td></td><td></td></tr>
<tr><td colspan="2">2. 本章中，你从哪里读出萧红家道中落的一些痕迹？选择两处写下来。</td></tr>
<tr><td colspan="2"></td></tr>
<tr><td colspan="2">3. 在这一章节中，萧红开始描写自己的家，自己的祖父、祖母，自己的父亲、母亲。其实，萧红的童年生活并不完全幸福，我们不妨来罗列下她的幸福与不幸，做一下比较。</td></tr>
<tr><td>幸福之处：</td><td>不幸之处：</td></tr>
<tr><td colspan="2">我们可以发现，萧红童年的生活是有诸多不幸的，但是，为什么我们读来没有非常强烈的不幸感？作者是怎么做到的？</td></tr>
<tr><td colspan="2"></td></tr>
</table>

<table>
<tr><th colspan="3">阅读单（四）</th></tr>
<tr><td>内容</td><td colspan="2">第四章</td></tr>
<tr><td rowspan="10">讨论问题</td><td colspan="2">1. 这一章作者主要围绕一个词描绘了她的家，这个词就是______。</td></tr>
<tr><td colspan="2">2. 作者的语言是非常有特色的。请你为下面这段话加批注。</td></tr>
<tr><td>说也奇怪，我家里的东西都是成对的，成双的，没有单个的。
砖头晒太阳，就有泥土来陪着。有破坛子，就有破大缸。有猪槽子就有铁犁头。像是它们都配了对，结了婚。而且各自都有新生命送到世界上来。比方坛子里的似鱼非鱼，大缸下边的潮虫，猪槽子上的蘑菇等等。</td><td></td></tr>
<tr><td colspan="2">3. “我家是荒凉的”“我家的院子是很荒凉的”，你从作者的哪些描写中能看出来？请各摘录几处。</td></tr>
<tr><td>我家是荒凉的：</td><td>我家的院子是很荒凉的：</td></tr>
<tr><td colspan="2">4. 第二节开头是“我家是荒凉的……”，第三节开头又是“我家的院子是荒凉的……”，第四节开头还是“我家的院子是很荒凉的……”，第五节开头也是“我家是荒凉的……”，这是不是一种重复？有什么样的意味？</td></tr>
<tr><td colspan="2"></td></tr>
<tr><td colspan="2">5. 本章结尾写道“这样一来，不但不觉得繁华，反而更显得荒凉寂寞”。作者为什么这么说？</td></tr>
<tr><td colspan="2"></td></tr>
</table>

阅读单（五）

内容	第五章
讨论问题	1. 团圆媳妇本来是一个什么样的孩子？你从哪些地方看出来的？你觉得这是一个正常的孩子吗？为什么在众人的眼中她却不正常了？
	2. 团圆媳妇是怎么死的？请你罗列原因。
	3. “云游真人让团圆媳妇的婆婆抽帖子，每帖十吊钱，团圆媳妇的婆婆围绕着十吊钱想了很多。”这是一种什么写作手法？作者为什么这么写？
	4. 文中有一段对团圆媳妇的婆婆的描写。她心中的“伤心”“悲哀”是什么？ 于是她碰到了多少的困难，她都克服了下去，她咬着牙根，她忍住眼泪，她要骂不能骂，她要打不能打。她要哭，她又止住了。无限的伤心，无限的悲哀，常常一齐会来到她的心中的。
	5. “据说，那团圆媳妇的鬼魂，也来到了东大桥下。说她变成了一只很大的白兔，隔三差五的就到桥下来哭。有人问她哭什么？她说她要回家。那人若说：“明天，我送你回去……”那白兔子一听，拉过自己的大耳朵来，擦擦眼泪，就不见了。若没有人理她，她就一直哭，哭到鸡叫天明。”读读本章的结尾，你有什么感受？

<table>
<tr><th colspan="2">阅读单（六）</th></tr>
<tr><td>内容</td><td>第六章</td></tr>
<tr><td rowspan="10">讨论问题</td><td>1. 本章节开头说“我家的有二伯，性情很古怪”。你觉得他性情古怪在哪里呢？（注意从本章入手，而不是前面一小部分）</td></tr>
<tr><td></td></tr>
<tr><td>2. 有二爷为什么忌讳别人叫他乳名？但为什么萧红祖父叫他乳名他不忌讳？</td></tr>
<tr><td></td></tr>
<tr><td>3. 根据有二爷的话，猜想下，他曾经为萧红的家里做过什么？</td></tr>
<tr><td></td></tr>
<tr><td>4. 有二爷为什么要从我祖父家里偷东西去卖？既然知道，大家为什么不阻止？</td></tr>
<tr><td></td></tr>
<tr><td>5. “你们家里没好东西，尽是些耗子，从上到下，都是良心长在肋条上，大人是大耗子，小人是小耗子……”有二爷这句话是什么意思？他为什么这么说？</td></tr>
<tr><td></td></tr>
</table>

<table>
<tr><th colspan="2">阅读单（七）</th></tr>
<tr><td>内容</td><td>第七章</td></tr>
<tr><td rowspan="10">讨论问题</td><td>1.“因此那磨房的窗子上就爬满了那顶会爬蔓子的黄瓜了。黄瓜的小细蔓，细得像银丝似的，太阳一来了的时候，那小细蔓闪眼湛亮，那蔓梢干净得好像用黄蜡抽成的丝子，一棵黄瓜秧上伸出来无数的这样的丝子。丝蔓的尖顶每棵都是掉转头来向回卷曲着，好像是说它们虽然勇敢，大树，野草，墙头，窗棂，到处地乱爬，但到底它们也怀着恐惧的心理。”最后为什么写到了瓜蔓的勇敢与恐惧？这与本章节的冯歪嘴子有什么关系？</td></tr>
<tr><td></td></tr>
<tr><td>2.“这些探访专员往往没有受过教育，他们最喜欢造谣生事”，这些探访专员为什么要刺探冯歪嘴子的事？从中可以看出什么？</td></tr>
<tr><td></td></tr>
<tr><td>3. 孩子一般代表着未来，从本章最后对冯歪嘴子两个孩子的描写中，你体会到了什么？冯歪嘴子究竟是一个怎样的人？</td></tr>
<tr><td></td></tr>
<tr><td>4. 有人说《呼兰河传》的语言风格是一种“谈话风”，意思是就像平常说话一样，请你找一处，摘录下来。</td></tr>
<tr><td></td></tr>
<tr><td>5.《呼兰河传》究竟想表达什么？将你的想法写下来。</td></tr>
<tr><td></td></tr>
</table>

<table>
<tr><th colspan="2">阅读单（八）</th></tr>
<tr><td>内容</td><td>第八章</td></tr>
<tr><td rowspan="2">讨论问题</td><td>小说以一位解事颇早的小女孩“我”的回忆起笔，以“我”的思绪跳动和变化来谋篇布局，以“我”的视觉来摄取人生的色相，借“我”的内心感受来透视作家对生活、对事物的评价。作品并不着意于人物的精细刻画，而侧重于抒写作家的感受，力求创造深度的意境。请你围绕自己感受最深的一点，写一篇读后感。</td></tr>
<tr><td></td></tr>
</table>

第二节　读中推进：基于读写共建的对话型读书笔记

整本书阅读的过程中，我尝试过多种方式，其中最有意思的实践就是对话型读书笔记。对话型读书笔记与传统类型的读书笔记不一样。经过调查发现，传统读书笔记的被动与封闭让不少学生处于“不害怕阅读而害怕笔记”甚或“因笔记而害怕阅读”的境地。那么，在现代语境下，读书笔记究竟该被赋予何种内涵，扮演什么样的角色？我以为，回归阅读本真，立足阅读学上对“阅读就是与整本书展开对话”的定义，着眼学校课程视野下整本书阅读的目标与实践，读书笔记也应体现“对话”的功能，也就是让读书笔记实现华丽的转身，从积累式、感悟式走向“对话型”。

一、概念界定与特征梳理

何谓对话型读书笔记？我以为，对话型读书笔记是学生在阅读辅导者创设的多维交互式阅读情境中，借助新颖、别致的对话方式，既与整本书（作者）展开阅读对话，又与阅读辅导者、阅读同伴进行对话，从而促进个体阅读不断生长的一种样式。对话型读书笔记立足阅读的本质，为学生整本书阅读创设了交互平台，其包含以下三个层面：一是学生与整本书之间，二是学生与阅读辅导者之间，三是学生与阅读同伴之间。

“对话”作为对话型读书笔记的核心要素与环节，对话的真性开展是其关键要素。作为课程视野下整本书阅读的辅助方式，对话型读书笔记的特点主要表现在情境性、交互性、辅助性三个方面。

情境性。对话型读书笔记需要阅读辅导者营建阅读对话的情境，情境创设主要包括以下三部分内容：一是对话团队的营建，二是对话任务的设置，三是对话品质的追踪。以“集体共读《伊索寓言》，小组循环笔记”为例，为了实现有效对话，我先将班上所有学生分为 9 个小组，每小组 5 人，小组内各成员轮流撰写读书笔记，这是对话团队的营建；活动之前，我预设了“集体共读，循环笔记”的活动方案，要求当天轮到写读书笔记的学生既要撰写读书笔记，也要注意与前一位同学的笔记展开交流，这就是对话任务的设置；为了提升学生对话品质，我除了收集、批阅、评讲各小组循环笔记本，还在班级粘贴了评比栏，每写完一轮笔记就评选一次最佳笔记，这是对话品质的追踪。

交互性。既然是对话型笔记，交互是最主要的特征。在整个过程中，学生先与整本书展开对话，然后与阅读辅导者、阅读同伴展开交流。每一个环节的交流都具有不同的目标，与整本书展开对话是对话型读书笔记最为重要的环节，也是基础部分；与阅读辅导者、阅读同伴展开交流是对话型读书笔记的后续环节，也是提升部分。

辅助性。因为学生的阅读能力参差不齐，而对话型读书笔记的目标是要让每一个参与对话的学生都能有所分享、有所建构，所以在对话型读书笔记进行过程中，阅读辅导者的适时介入至关重要。阅读辅导者一定要通过自己的辅导让阅读能力较弱的学生在对话过程中培养对话的信心，提升阅读能力；让阅读能力一般的学生能够向阅读能力较强的学生看齐，发展阅读能力；让阅读能力较强的学生能够得到更为专业、深入的阅读指导，使他们成为成熟的读者。

二、操作方略：与整本书、辅导者、同伴对话

对话型读书笔记的操作围绕着与整本书对话、与阅读辅导者对话、与阅读同伴对话这三个维度展开，每个维度都有其不同的操作方式与要求。

1. 与整本书对话：提供笔记样式超市，邀约作者友情参与

对话型读书笔记最先立足的就是学生与整本书之间的对话。传统笔记的对话方式主要为摘抄、赏析，这样的方式并不能很好地激发学生与整本书对话的欲望。对话型读书笔记则能创设不同的对话情境与对话方式，让学生自主选择，主动与整本书展开对话。我围绕语言积累、意蕴感悟、参与创作、策略习得这四个维度设置了近四十种与整本书展开对话的样式。以“集体共读《小王子》，小组循环笔记”为例，我从读书笔记样式库中择取了适合与《小王子》一书进行对话的样式，提供给学生，具体如下：

A. 猜想型：在阅读之前，可以写一写对今天阅读内容的猜想；B. 采访型：想象对书中某一人物进行采访，你可以问他书中的有关内容，也可

以问其他问题，用你自己的语气提问，然后用该人物的语气回答；C. 感受型：描述一下你读某个故事时的感受（愉快、悲伤、解脱、愤怒或充满希望等），并解释你为什么会有这样的感觉；D. 质疑型：提出 2～3 个问题，自己尝试解答，还可以提几个自己不能理解的问题让别人解答；E. 策略型：我读懂了什么？是怎么读懂的；F. 试卷型：拟一份试卷（填空题、判断题、选择题、问答题），一共 5 题左右，给下一位同学完成；G. 改写型：根据所读内容改写故事情节；等等。

从后期实践看，正因为能够提供适于整本书、多维有趣的对话样式，所以学生的笔记内容才呈现了多元的态势。

与整本书对话，其实也就是与作者对话。如果我们能邀约作者参与其中，不仅能验证学生的理解，而且能让学生拥有一种与整本书对话的真实情境。在“集体共读《会跳舞的小星星》，小组循环笔记”中，我将学生的部分读书笔记拍成照片发送给该书的作者程玮老师。程老师看到学生各式各样的读书笔记非常感兴趣，给孩子们写了一封热情洋溢的回信，点评了学生的读书笔记，与学生展开了对话。以下摘录信的部分内容：

你们那些针对《会跳舞的小星星》所写的感想、思考和建议，都写得太出色了。比如说，姜奕帆同学笔下对圣诞老人的期盼，范思敏同学对人类使命的思考，钱钰同学对孩子和父母关系的审视，王海鹏同学对家庭的思考等。我特别想说的是，吴葛一同学在作文里对米兰去森林散步，为什么走过蔷薇街，却没有看见爱丽丝的小屋进行的假设和思考，令我大吃一惊。吴葛一同学分析说，也许爱丽丝根本就不存在，是米兰与理性的自己在聊天，与想象中的爱丽丝在沟通……吴葛一同学，说实在的，我刚开始构思时，就是这么想的。后来写着写着，爱丽丝慢慢地生动起来，就变成了一个真正的人物。你真的猜到我的心里去了……

2. 与阅读辅导者对话：采用即时观察，随时介入阅读

阅读辅导者，也以互动的姿态参与着对话型读书笔记的撰写与完成。本文的阅读辅导者主要指教师（其他凡是具有阅读辅导能力，并参与了对话型读书笔记过程的，也可以称之为学生阅读的有效辅导者）。实践证明，对班级阅读而言，阅读辅导者涉及的面越广，学生的受益也就越多。我也曾邀请家长、社会读者等参与学生的对话型读书笔记，让学生享受到更为多样、丰富的指导。

阅读辅导者参与对话型读书笔记主要有以下三项任务：

第一，观察学生“关注了什么”。学生限于阅读能力，他们是不容易发现整本书的秘妙的。但发现整本书的秘妙并与之对话是对话型读书笔记展开的关键。所以，当学生还未能真正“参透”整本书时，就需要教师带领学生梳理整本书的“意蕴点”。在“集体共读《会跳舞的小星星》，小组循环笔记”中，我发现学生只能关注一些细枝末节的内容，对于作者和我们探讨的真正有意义的话题“视而不见”，于是，在“小组循环笔记”之前，我带领学生集体聊聊阅读发现，在“你发现了书中哪些有意思的内容”这个问题情境下，我和学生一一将书中“有意思的内容”梳理出来，然后让学生根据自己的需要撰写读书笔记。

第二，观察学生“能够对话吗”。真正的阅读对话必须是一种意义的流动。如果学生只能重复整本书的故事情节，那说明学生还没有学会与整本书对话。这时就需要教师根据学生与整本书对话的现状进行辅导。一般而言，学生与整本书对话会出现以下几种情况："敷衍型"，这类情况并不是说学生不会与整本书对话，而是态度不够积极，这时阅读辅导者可以通过展示优秀读书笔记及加强评比的方式，将其态度引上正轨；"跟风型"，即跟着别人的形式与内容写，对于这类情况，阅读辅导者可以将笔记样式超市拿出来和学生重温，并强调各种方式的特点，让学生明晰并挑选；"漂浮型"，即不能深入书本内容的核心，只是围绕整本书的"意蕴点"写几句不痛不痒的感受，这时就需要阅读辅导者带领学生深入思考，可以联系自己的生活，可以联系自己曾经读过的内容，或采用认同式阐述，或采取批判式理解，让学生的阅读思维走向纵深。

第三，观察学生"还能否坚持"。在笔记撰写的过程中，学生"溜号"的现象会时常出现，或是笔记本忘带了，或是笔记本丢了，或是随意应付等，这些情况都需要阅读辅导者及时观察、及时应对，否则容易出现"破窗效应"。加强评比是让学生保持对话的好方式。一方面，可以加强小组间的评比，给每个小组成员的笔记都进行量化打星，然后借助积分制对各个小组进行排名，根据排名发放奖品，这是从外围环境上营造竞争氛围；另一方面，可以组织组内自评，评一评自己的笔记写得怎样，评一评小组成员写得如何，这是引导学生从内在因素上加强自我反思。

3. 与阅读同伴对话：促进多维互动，分享阅读智慧

艾登·钱伯斯认为："在倾听别人的读书经验并与人分享自己心得的过程中，我们发现，通过某种形式的读后心得发表，参与者可以交换信息、分享热情；同时，探索不同阅读领域的意愿也提高了。"因此，发掘同伴互助的力量是对话型读书笔记的重要内容与方法。

互动模式：多维交互，构建立体网络。

对话型读书笔记立足构建多维交互式的交流模式，力争让每一个学生都参与阅读对话。对话型读书笔记除了“生—生”（各一名）单向循环（图 1）交流外，还可以组织小组内交流（图 2）或组际（图 3）或集体交流的样式。只有这样，阅读的意义之流才能够源源不断地流淌。

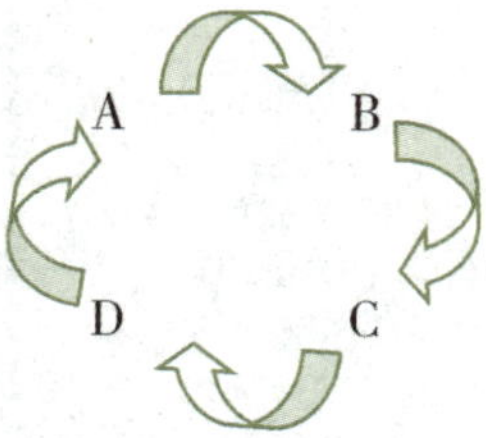

图1　单向交流

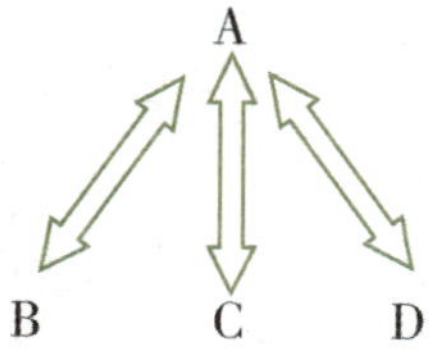

图2　组内互动

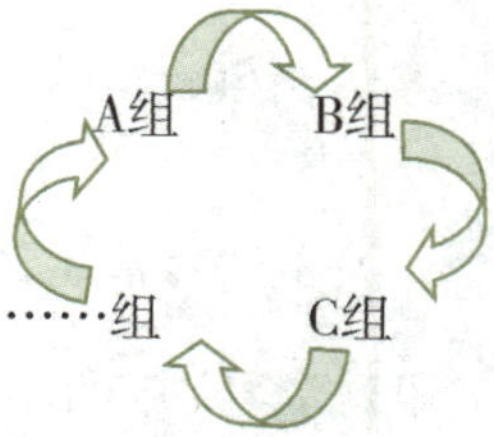

图3　组际交流

交流目标：意在分享，达成意义共建。

对话型读书笔记的视野中，与同伴对话，其目标就是阅读意义的分享与共建。要达成以上目标，我们除了可以按照以上交流模式让学生自主交流外，还可以围绕某些有价值的话题进行集体交流。在“集体共读《会跳舞的小星星》，小组循环笔记”中，我发现学生对“用力保护起来的幸福不一定是真正的幸福”存在着争议，于是，我将这个话题拿到课堂上来，展示与此相关的数篇读书笔记，让学生展开讨论。最后他们发现，用恶作剧的方式“蛮干”，保护可能会适得其反，但是用智慧、用情感保卫起来的一定是真正的幸福。

对话管理：基于兴趣，培育自觉意识。

在对话型读书笔记操作的过程中，我们发现，总会有一些学生成为对话过程中的“短板”。他们要么忘记写读书笔记了，要么敷衍式地瞎写一气，甚或还有人将本子弄丢了。我以为这些属于对话自觉意识的淡薄。如何培养这类学生的自觉意识？首先，我觉得要不断地唤醒他们撰写对话型读书笔记的兴趣，有时，甚至可以让他们来确定对话型读书笔记的话题；其次，我觉得要围绕个体的前后对比加强纵向比较，不断放大这类学生的进步，以增强自我成长的效能感。

三、对话型读书笔记实践记录与反思

关于“对话型读书笔记”的实践我先后进行了多期，《伊索寓言》《小王子》《会跳舞的小星星》……书由学校图书馆提供，统一版本。我为他们每个小组都准备了一个记录本，在每个本子上写好组别、组员姓名，然后就开始进行“共读”与“笔记”。在实践的过程中，我每天都会将实践过程与反思记录下来，下面将这些教学日记整合起来，和大家进行分享。

1. 方案制订

“对话型读书笔记”一般都需要先制订实施方案。以下是我为《伊索寓言》制订的评比方案。

《伊索寓言》“对话型读书笔记”评比方案

（1）在集体共读的基础上，以前后桌四人为一单位，组成读书小组。

（2）读书小组进行“循环笔记”，比如说，小组有 A、B、C、D 四人，第一天由 A 写，第二天由 B 写，第三天由 C 写，第四天由 D 写。

（3）读书笔记的写作主要根据每天规定的阅读内容来进行，可以采用的方式有：

给书中某个人物写一封信，给他提出你的建议；

想象对书中某一人物进行采访，你可以问他书中的有关内容，也可以问其他问题，用你自己的语气提问，然后用该人物的语气回答；

描述一下你读某个故事时的感受（愉快、悲伤、解脱、愤怒或充满希望等），并解释你为什么会有这样的感觉；

就某个故事的寓意结合自己的故事谈理解，要注意故事与寓意相匹配；

把自己想象成书中的某个人物，也来创作一个寓言故事，可以与原来的主题相符合，也可以相违背。

……

（4）格式：第一行写日期，第二行写正文，正文结束署名；第二位同学写的时候先评点第一位同学的笔记（不要空行），然后空三行写当天的笔记，依次为第一行日期，第二行正文，正文结束署名……

（5）组织评比：组织三次评选，每次评出优秀笔记 5 本，入选次数最多者评为最佳笔记，给读书小组成员颁发证书和奖品。

以上活动方案，我除了就笔记的样式进行了规定，还特别关注了两点：一是对读书笔记的样式进行了预设。需要注意的是不同书籍采用的读书笔记样式不一致，需要根据书籍特点匹配读书笔记样式。二是对读书笔记的评比进行了安排。为了提升每个小组的团队战斗力，我预设了读书笔记的评比活动，为此，我设置、打印并在教室内张贴了读书笔记评比榜。

2. 评选频度

目前，我班上共有 37 名学生，4 人为一小组，共分为 9 组，其中一小组为 5 人。最佳笔记的评选频度各不一样，都根据具体情况而定。

《伊索寓言》的“对话型读书笔记”，我一共组织了五次评比，这五次评比的内容是这样安排与布置的：小组 4 名成员轮流写一次后，评比一次，如此一共评比 3 次；某一天布置一起回去写笔记，作为 1 次评比内容；整本书读完之后，给整本书评星，并阐述理由，集体评比 1 次。

《小王子》的“对话型读书笔记”，我一共组织了六次评比，具体安排如下：小组 4 名成员轮流写了一次后，评比一次，如此一共评 2 次；集体共读，集体笔记，评比 1 次；集体共读，以交流的方式写笔记 1 次；整本书读完之后，给整本书评星，集体评比 1 次。

3. 实践反思

来自学生——谁都认为一切要从学生出发，学生的意见是否真的具有参考价值，我们先来看看学生的反映再做判断。

学生对活动的反思主要来自对“集体共读，循环笔记”活动本身的认识：“集体共读《伊索寓言》，小组循环笔记”完成之后，我组织学生对这样的方式进行了评点，问题是“你觉得这样的方式好吗？为什么？”下面是学生回答的记录：

A：我觉得这种方式很好，可以看出我们有没有认真读书。

B：我觉得不太好，评点笔记时不太公平，第二小组经常被评为最佳，是因为第二组有××同学，很多同学都和这位同学要好，所以大家经常推选这一小组。

C：这样的方式很好，小组合作，大家能够团结一致。

D：我觉得在写笔记的时候不能当成一种任务，有些同学当成了任务之后，就比较应付，完成的质量也就不高了。

E：评点笔记的时候，可以请其他组的同学评点。

F：在写笔记的时候，不能跟风，别人写什么自己也写什么，这样不好。

G：改写故事得的星最多，这有点不公平。

来自教师——我发现，这样的活动，教师作为组织者，是任何时间、任何地点都不能缺席的，因为一切的效果都由你决定。

在实践过程中，我主要解决了如下问题：

（1）格式的问题：对五年级学生而言，格式不存在多大的困扰，第一次收上笔记之后，我发现格式基本上没有多大的问题，9 个小组，只有 3 个小组当天写作的同学忘记了署名；第二次收上笔记之后，发现忘记评比的问题要稍微严重一些，有 4 组没有能够对第一天写作的学生进行评点；但多次评讲之后，情况要好多了，到笔记真正开始，大家都上了轨道之后，偶尔的格式疏漏已经不再重要了。

（2）样式的问题：读书笔记的功能主要是读者与书本之间的对话，在方案推荐读书笔记样式的引领下，学生的读书笔记变得较为多样。很多学生能够根据整本书的特点，灵活地采用改写、给主人公写信、对人物进行模拟访谈、结合实际事例理解、拟定试卷、对整本书进行整体评价等多种样式来进行笔记。

由此，我想到，要让学生真正有所创造，我们提供什么样的内容、方式真的很重要。不过，在实践的过程中也有一个非常有趣的发现，我发现学生比较喜欢采用改写与猜想的方式，他们写作了很多的寓言，而且能够非常灵活地沿用伊索的方法，从这个角度来说，学生都是喜欢讲故事的；他们也喜欢运用猜想的方式去猜一猜这个题目下，故事会如何发展。

（3）评比的问题：以小组为单位，并及时进行评选，确实激发了学生的参与意识。《伊索寓言》笔记评比阶段，每一次评选我都会邀请学生代表参与，请五六名学生给这些笔记投票，然后根据得票数选出五份笔记作为本次评选的最佳笔记，我公布结果之后就在评选的榜单上打上一颗五角星。第一期评比结束，我给他们最佳笔记小组发放的奖品是每人一根棒棒糖。有个没有拿到奖品的学生说："拿不到棒棒糖没什么的，自己买一根不就行了吗？"一个学生听了马上反驳："不一样的，凭劳动所获吃起来的感觉不一样的。"《小王子》笔记评比阶段，在接受了学生的建议后，我请其他老师或同学参与，进一步保证公平公正。

（4）责任心问题：在撰写笔记的过程中，我遇到最大的问题就是学生笔记的责任心问题。我不知道这样界定是不是准确，但确实是这样的。因为在整个过程中，我遇到了学生忘记写或没有写的，本子没有带回家的，本子丢失了的等诸多情况。为此，我还专门在撰写与评比过程中设置了"污点记录"。何谓"污点记录"？就是在笔记本上记录某某忘带本子，没有能够及时进行笔记等，同时记上日期。在评比笔记的过程中，"污点记录"也作为一个重要内容。所以，我真切地感觉到"集体共读，小组笔记"中存在着很重要的管理问题。如果教师不能及时观察、跟进，小组笔记可能就会中断。

要培养责任心，就应引导学生对自身在"集体共读，循环笔记"中的表现进行再认识。我先让他们自我进行评价，采用五星制，根据自己实际情况评星，大部分学生还是比较客观公正的。然后，我让小组间互相轮流用一句话写建议。这样的反思、评价与建议主要端正自我书写的态度，提升管理的能力。

（5）真交流问题：读书笔记应该实现学生与阅读对象（书本）、学生与阅读辅导者、学生与阅读共同体之间的对话。读书笔记样式的丰富确实让学生与阅读对象（书本）之间的对话实现了多维与生动，教师及时对学生的读书笔记进行跟进也实现了学生与阅读辅导者之间的对话，但是，总体而言，《伊索寓言》笔记期间，我发现学生与小组成员之间的对话没有能够很好地进行。我也让第二天写笔记的同学对第一天写的笔记进行评点，但是，有的只是对评点的质量进行点评，并没有真正从阅读交流的层面来进行引导，只是让学生从读书笔记写法的角度进行评点，没有让学生关注书写的内容，所以学生的评点较为干瘪。《小王子》读书笔记，我让学生将“评点”一词改为“交流”，但学生仍然不是太能够进行思想交流。于是，我专门让学生共读一章节内容，让他们在笔记本上交流想法，可以赞同别人的观点，也可以反对别人的观点，但都需要讲清理由。

（6）“短板”问题：阅读后进的学生，永远是小组的短板。一方面，他们的阅读时间是不能得到有效保证的，因为他们正忙着完成与订正各类作业，再加上写作业速度慢，他们是不可能有充足的时间从容地进行阅读的。另一方面，他们的笔记也是每个小组的短板。在评比的过程中，他们笔记的质量往往会拖了小组的后腿。后来我采用了小组成员审核的方法，如果谁完成的笔记质量不过关，小组其他成员可以要求他重写，这样的方式有一定效果，但最多只能提升百分之三十左右，后来我改为小组讨论，由阅读能力较弱的学生主笔，其他人参与修改。

“集体共读，小组循环笔记”实践的整个过程虽然充满挑战，但教师和学生的收获都很丰富。当然，在后续的实践中，我发现还有这样一些问题需要解决：

“集体共读，小组循环笔记”如何满足不同阅读层次的小组成员的需求，并能让不同层次的小组成员都得到阅读发展？

“集体共读，小组循环笔记”的阅读对话如何在小组内真正进行下去？如何在集体面推展开来？

如果“评比”撤退，“集体共读，小组循环笔记”还有动力吗？“集体共读，小组循环笔记”的源动力在哪里呢？

……

第三节　读后交流：达成深度阅读的整本书共读分享

综观当下的整本书读后交流设计，出现了以下几种偏差：第一，将阅读交流课上成了单纯的阅读成果展示课，因为缺少必要的生成，所以学生在课堂上并没有获得真正的生长；第二，只关注整本书内容等方面的梳理，不关注学生阅读态度、阅读策略等的有效积累；第三，将阅读交流课上成了各种内容的“拼盘”，教学内容看起来丰富，实际上走马观花……整本书读后交流课作为整本书阅读的“收官”环节，究竟该如何确立目标、安排哪些内容、怎样交流呢？我以为，整本书读后交流课的设计是一个较为复杂的系统工程，需要立足多重思维进行研判与实施。

一、基于综合思维的目标预设

综合思维即深入分析多个相关概念、事物或现象的要素，根据具体任务情境，进行重新整合，形成崭新有机整体的创造性思维过程。整本书读后交流课的目标确立需要围绕多方面因素进行权衡与确认，因此需要借助综合思维，对相关维度进行深度分析。在实际操作中，我们至少需要从学生阅读经验、阅读素养序列以及整本书的特点三个维度进行考量。

学生阅读经验。因为整本书读后交流课经过了读前推荐、读中跟进等环节，所以学生对整本书已经拥有了较为丰富的阅读体验。这份阅读体验包括阅读期待、阅读感悟、策略习得、阅读困惑等，这些都是整本书读后交流课的必要参考与课程资源。因此，整本书读后交流课前需要教师全面搜集学生的阅读体验，归类、分析后形成“前经验课程”，并以此为基础展开整本书读后交流课。

阅读素养序列。教材中规定的语文要素、阅读素养测试能力体系等都是阅读素养序列的参考源。当我们确定好整本书与执教年段之后，需要立足阅读素养序列，并根据学生阅读经验与整本书的特点拟定出交流目标。我组织五年级学生交流《布罗镇的邮递员》一书时，梳理了教材中关于品悟人物形象的相关要求，最终确立了如下目标：梳理关键情节，运用“抓住语言、动作、神态等描写体会人物形象”的方法阅读长篇童话，体会阿洛“真善良”的丰富内涵。

整本书的特点。每一本书都是一个丰富而独特的世界，教师要善于发掘整本书的特点，用其特有的魅力去影响、发展学生，只有这样，学生才能真正爱上阅读。发掘整本书特点，需要我们立足“写了什么”“怎么写的”“为什么这么写”这三个本源的问题进行解读。《水妖喀喀莎》是作家汤汤“奇幻童年”的代表作，为了让学生充分感受作家想象的瑰丽奇特，我从“创造世界”“交往自如”“宝贝神奇”“善于变化”等角度充分发掘了作家的想象世界。

那么，如何在深度分析的基础上再进行综合呢？我们可以梳理出具有共同指向的要素确立交流目标，并有机融合个性内容。下面结合《〈人类起源的演化过程〉阅读交流》为例进行说明。

整本书的特点	学生阅读经验	阅读素养序列（参考教材）
本书分为两部分：第一部分“爷爷的爷爷哪里来”介绍了人类起源的相关知识，属于科普读物；第二部分“悠长的岁月”介绍了贾兰坡爷爷一生从事考古事业的经历，属于人物故事。两部分内容互相参照，既有科学知识也有人文精神。	因为学生缺乏人类起源的相关知识，所以阅读“爷爷的爷爷哪里来”这一部分比较困难，虽然已经采用了“知识摘录卡”的形式进行梳理，但知识与学生的理解能力之间仍然存在障碍。“悠长的岁月”讲述的是人物故事，学生较为感兴趣，借用“人物年谱”，学生能够梳理出贾兰坡爷爷的人生经历。学生以小组合作的形式探究了“贾兰坡爷爷没有大学文凭却攀登上了科学殿堂顶端”的原因，已经形成了初步的认识。	运用多种方法理解难懂的词语（三上第二单元）。 阅读时尝试从不同角度去思考，提出自己的问题（四上第二单元）。 阅读时能提出不懂的问题，并试着解决（四下第二单元）。 关注主要人物和事件，学习把握文章主要内容（四上第七单元）。 从人物的语言、动作等描写中感受人物的品质（四下第七单元）。

通过对以上三方面内容的列举，我们可以发现“整本书的特点”“学生阅读经验”“阅读素养序列”这三个维度共同指向了“科学知识怎么处理”与“人物精神如何体悟”这两个维度。因此，综合考量以上因素，我将这本书的阅读交流目标定为：借助知识摘录卡梳理整本书中与人类起源有关的知识，选取部分知识，利用思维导图，自己说一说人类起源的演化过程；借助人物年谱梳理贾兰坡爷爷的人生经历，着重研究、感悟贾兰坡爷爷的治学精神。

二、基于组合思维的内容组织

本文所指的组合思维是指在教学内容重构视野下，把可供教学的相关内容，围绕教学目标进行重新编排的思维方式。整本书读后交流课有着较为丰富的内容，作为阅读辅导者的教师在组合之前，一定要采用全纳教育视角，梳理出可以交流的所有内容。那么究竟有哪些内容可以进行读后交流呢？

1. 展示阅读成果

为了推进学生阅读，在学生依据阅读计划自主阅读的过程中，教师一般都会运用各种阅读工具、开展各类阅读活动来跟进。在此过程中，肯定会产生各种各样的阅读成果，比如学生整理的摘录卡片、制作的精美书签、绘制的思维导图、完成的读书小报、有趣的故事讲述、精彩的书本剧表演等。这些阅读成果都是整本书读后交流课上可以展示的内容。当然，择取哪些内容以何种形式进行展示，需根据教学需求做出具体安排。整本书读后交流课上展示学生的阅读成果可以培塑学生的阅读效能感，增强阅读自信。

2. 回应阅读困惑

学生在阅读过程中会产生各种各样的困惑，或许是不能理解书本内容，或许是对本书不感兴趣不能坚持读完，或许是不会使用恰当的阅读方法……这些困惑需要教师在整本书读后交流课上予以及时回应，这样才能在第一时间给学生以帮助与支持。比如学生在阅读《爱的教育》一书时，梳理了书中人物后，发现人物关系比较复杂，那么在阅读交流课上，我们就可以采用思维导图带领学生理一理人物之间的关系。值得关注的是，不同学生的阅读困惑可能不尽相同，我们需要依据共性或个性问题，采用不同的回应策略。

3. 交流整书信息

整本书内容的梳理与分享是读后交流课的重要内容。学生经过“读中推进”环节，对整本书内容的把握已经有了一定的基础，但相对而言还比较零散、片面，为了能让学生对整本书形成比较全面且有深度的认识，我们还需要围绕文体特点、人物形象、故事情节、各类知识等，与学生进一步确认与建构。当然，读后交流也不能只在内容的层面上“滑行”，还需要透过内容走向表达的本质，只有这样才能帮学生打开整本书阅读的另一扇门。

4. 传递阅读态度

在整本书读后交流课中，我们容易忽略有效阅读态度的烘焙与传递。事实上，积极阅读态度的唤醒、培育、传承等也应该是整本书读后交流课的重要内容。遇到自己不感兴趣的共读书，怎么办？面对有一定阅读难度的书，怎么办？一本书不能坚持读完，怎么办？和书中的观点产生了不同见解，怎么办……整本书读后交流课中，只有对以上问题予以分享、廓清，才能引领学生不断积淀、发展有效的阅读态度。

5. 反思策略运用

在读前推荐与读中跟进环节，都会涉及阅读策略的学习与运用。读前推荐介绍阅读策略，读中跟进运用阅读策略，而读后交流是采用反思的方式观照阅读策略，其目的是让学生进一步识别策略运用的效果，提炼策略运行的路径。因此，在整本书读后交流课中，我们需要借助诸如“在阅读这本书时，用了什么方法？用得怎样？还可以怎样调整以便更好地适用这本书”“以后在阅读相关主题的书时，我们还可以怎么用这种方法”等问题，引导学生不断反思、观照，以形成运用策略的自我监控力。

6. 探索表达智慧

整本书中有很多智性表达，比如《洞》一书的“双线结构”与“精妙伏笔”，《中外民间故事精选》中的“‘三段式’结构”，《毛毛——时间窃贼和一个小女孩的不可思议的故事》中对时间的精彩描写等。这些能代表作家丰富写作经验的内容理应成为读后交流的有机组成。为了更好地帮助学生习得这些表达智慧，我们可以运用“读写结合”的方式，创设情境，适当地迁移运用。

7. 获得精神成长

阅读是为了进一步打开学生的精神空间，所以在整本书读后交流课上，我们一定要关注学生对整本书意蕴的重构，比如解决问题的策略、人物品质的提炼、成功因素的探究、故事寓意的链接等。当然，需要关注的是，我们要防止概念化体悟的出现。只有将所体会的内涵与生活世界、精神世界相关联，引导学生切己涵泳，学生才能获得真正的精神成长。

8. 拓展阅读空间

不论对一本书的阅读而言还是对学生的整个阅读历程来说，整本书读后交流课不应是终点站，而应成为加油站。为了让学生能够反复阅读这一本书或继续阅读相关主题的书，在整本书读后交流课上，我们可以采用同主题书目推荐、问题拓展阅读等方式，以进一步打开学生的阅读空间。

……

通过以上罗列，我们可以发现，整本书读后交流课的内容相对比较丰富，那么我们可以如何组合呢？以预设目标为基准，可以采用“组合模式”，即对以上可供交流的内容进行筛选，并进行重新编选；也可以采用“专项模式”，即安排专项性的读后交流，比如专门组织书本剧表演、读写结合、书中人物秀场等；还可以既采用“组合模式”又进行“专项突破”，形成“混合模式”。每一本书的读后交流究竟选用哪些内容？均视实际需要而定。当然，不同组合方式会有相应的要素与结构，这些都需要我们在教学中予以关切。具体组合方式主要如下：

<table>
<tr><th colspan="2">组织模式</th><th>交流维度</th><th colspan="2">示例</th></tr>
<tr><td colspan="2" rowspan="4">组合模式</td><td>交流整书信息</td><td rowspan="4">《〈伊索寓言〉读后交流》</td><td>看插图猜故事
表演讲故事
知识抢答</td></tr>
<tr><td>展示阅读成果
传递阅读态度</td><td>阅读成果我来秀</td></tr>
<tr><td>获得精神成长</td><td>联系生活说一说
情境辨析学运用</td></tr>
<tr><td>拓展阅读空间</td><td>推荐《克雷洛夫寓言》等</td></tr>
<tr><td colspan="2" rowspan="4">专项模式</td><td>展示阅读成果</td><td rowspan="4">《〈三国演义〉读后交流》</td><td>三国故事我来讲</td></tr>
<tr><td>交流整书信息
反思策略运用</td><td>三国经典战役研究</td></tr>
<tr><td>交流整书信息
获得精神成长
探索表达智慧</td><td>三国英雄榜</td></tr>
<tr><td>拓展阅读空间</td><td>三国评书、电视剧、电影、文化旅游等展览会</td></tr>
<tr><td rowspan="4">混合模式</td><td rowspan="3">组合</td><td>交流整书信息</td><td rowspan="4">《〈夏洛的网〉读后交流》</td><td>围绕主要场景，梳理情节</td></tr>
<tr><td>展示阅读成果</td><td>展示学生制作的内容导图</td></tr>
<tr><td>探索表达智慧
获得精神成长</td><td>走进冲突，感受小说主题</td></tr>
<tr><td>单项</td><td>拓展阅读空间
反思策略运用</td><td>尝试抓住冲突，阅读《精灵鼠小弟》</td></tr>
</table>

三、基于系统思维的操作策略

系统思维视野下，读后交流课的设计应基于整本书阅读的全过程，它需要处理好整体与阶段的关系，将展示与回顾、突破与生成结合起来，更好地融合整本书的信息属性与生长属性，具有动态性、结构化的特点。

1. 整体视角与阶段视角

整本书读后交流是读前推荐、读中跟进的后续阶段，它与读前推荐、读中跟进既有联系又有区别。当下，一些整本书读后交流课之所以会上成“四不像”，既像阅读推荐课，又像阅读指导课，还像阅读交流课，就是因为没能处理好整体与阶段的关系，没能摆正读后交流课的位置。

读后交流的设计与读前推荐相呼应，读前推荐中激发的兴趣、预设的问题必须在读后交流中有所回应；读后交流的设计以读中跟进为基础，读中跟进中所产生的阅读成果、阅读困惑、策略运用等，都是读后交流教学设计的重要资源。与读前推荐、读中跟进相比，读后交流是整本书阅读的总结阶段，具有特定的目标与内容，它以交流与分享为主要方式，帮助学生完成建构印象、生成理解、提升自我、拓展认知、迁移兴趣等任务。

2. 共享功能与生成功能

建立在读前推荐与读中跟进基础上的读后交流课，一定会涉及学生各种阅读成果的展示。需要注意的是，成果展示也是重要的课程资源，我们需要唤醒学生的“共享性意识”，围绕所展示的成果展开教学，引导学生欣赏、发现，并力求有所生成，不能为了展示而展示。准备《人类起源的演化过程》读后交流时，在读中跟进环节，为了帮助学生梳理贾兰坡的一生，我采用了“人物年谱”这一阅读工具。交流中，我展示、分享了部分学生的作品，并询问“利用人物年谱阅读人物故事，有什么好处”，学生认为可以比较迅速、准确地把握人物的一生。随后，我设置了“贾兰坡爷爷一生有哪些成就与贡献”这一问题，引导学生利用“人物年谱”快速查找。学生在运用的过程中，生成了对“人物年谱”的新认识，阅读成果展示变成了成果运用，阅读工具的使用从被动应用变为了主动需要。

3. 单向模式与互动模式

读后交流以对话的形式进行，最终要达成的就是意义共建。但在大多数的阅读交流课上，我观察到的是“教师—学生”单向（问答式）对话的盛行，缺乏意义的生成。要解决这个问题，我以为应处理好个体与全员的关系，形成“教师—学生—整本书”的互动对话模式。

互动对话模式需要关注“经验流动”。形成“经验流动”有一个前提条件，那就是在课堂上要拥有较为丰富的有效阅读经验。一方面需要教师适时分享自己的有效阅读经验，另一方面需要教师及时捕捉学生中优秀读者的有效阅读经验。形成“经验流动”有两个步骤：首先，及时发现并强化有效经验，可以采用聚焦的方式，引导全体对话者都来关注这一有效经验；其次，引导有效经验向经验缺乏者流动，可以采用复述、批判、运用等方式引导学生品悟、吸收这些有效经验。

4. 信息属性与育人属性

纵观当下读后交流课，更多地关注了整本书内容的分享，似乎只要学生弄懂了书中写了哪些人物及特点、有哪些故事情节、介绍了哪些知识等，就算完成了交流课的目标和任务。事实上，我们更应该关注整本书阅读的育人属性，即关注整本书对学生“生命与心智的成长”，只有这样，我们才能培育真正的终身读者、智慧读者。

读后交流课，我们除了梳理必要的知识与内容，更应关注阅读态度、策略习得、视野打开、兴趣拓展等层面内容，要将这些无痕地渗透在交流的过程当中。在设计的过程中，我们不妨适时启用“反省思维”：学生阅读这本书的态度怎样？积极主动还是消极被动？产生的原因是什么？我们可以怎么通过教学来进行有效干预与引导？学生阅读这本书又习得了哪些新的阅读策略？这些阅读策略与课内语文要素有什么样的关联与拓展？学生运用这些阅读策略有没有形成自我监控的机制？学生阅读这本书时，精神世界获得了怎样的打开？这样的打开对他们的未来发展究竟有什么样的影响？学生对这本书的兴趣如何？如何进一步激发学生阅读其他同类书籍的兴趣等等。

以上从目标预设、内容组织、操作策略这三个角度探索了整本书读后交流课的实践路径。当然，整本书读后交流课还有很多内容值得我们进一步探究，比如读后交流课的评价内容与方式有哪些，这些还有待在实践中进一步开展研究。

四、读后交流实施案例

聚焦型分享：走近阿洛

——《布罗镇的邮递员》整本书解读、阅读交流实录与评析

1. 整本书解读

围绕整本书进行的阅读课究竟可以怎样组织？虽然我们也经常观摩到各类整本书阅读课，但那只是一种结果的呈现，其中的“来龙去脉”究竟是怎样的？教者为什么选择这样的话题、以这样的方式组织教学呢？

/执教《布罗镇的邮递员》

《布罗镇的邮递员》一书是著名儿童文学作家郭姜燕的作品。这本书主要写了布罗镇的邮递员阿洛在送信的过程中，先后多次帮助镇上的人们与森林中的动物，最终融化了人们与动物之间的矛盾与仇恨。这本书获得了第十四届精神文明建设“五个一工程”奖，被评为 2016 年度“中国好书”，荣获第十届全国优秀儿童文学奖。

（1）整本书阅读的课型究竟有哪些？

组织整本书阅读课，需要首先明晰的就是其课型。根据目前已有的研究，整本书阅读课型大致有：阅读推荐课、阅读策略指导与训练课、整本书读写互迁课、阅读交流与分享课、群书阅读与交流课等。当然，我之所以认为还有其他整本书阅读课型，是因为课型的确定可以根据具体情况进行创生。

那么，对于《布罗镇的邮递员》一书而言，可以使用哪种课型呢？我综合考量了多种因素，决定组织一次初读之后的阅读指导，即学生已经初读过这本书（纯粹自由阅读的方式），教师再立足课标及教材目标体系、整本书特点、学生阅读成长需要以及教师对这本书的理解等，对初读后的学生予以指导。事实上，对于中高年级学生而言，他们更需要这样的方式将他们的阅读引向深入。

（2）整本书可以怎样解读？

与单篇课文教学一样，整本书阅读教学之前也需要对作品进行解读。我在平时实践的过程中，主要从“写了什么”“怎么写的”“为什么这么写”这三个问题来理解整本书。当然，在探究这三个问题的时候与单篇课文的思路不太一样，整本书解读时需要参考课标与教材的目标体系，同时也需要从知识结构搭建、精神成长等更为广域的视野中关注学生整本书阅读的现状与需求等。

基于以上的种种考虑，我开始尝试解读《布罗镇的邮递员》这本书。尽管已经有了那么多的参照，但是要真正打开这本书，还是比较困难的。我主要尝试了这样两种方式：

内容层面：借助人物梳理抵达内容明晰。书中人物，有明显的两个阵营：一是来自布罗镇，二是来自森林。于是，我根据整本书的特点，用表格对书中的人物进行了全方位的梳理。基于人物较多、关系复杂的整本书作品，人物梳理有助于理清整本书内容、理清作家的创作特点；基于基本信息的梳理是解读整本书的必经之路，它会为后面的教学化打下坚实的基础。

意蕴层面：尝试自我对话抵达整本书精髓。解读整本书时，尝试与自我对话，其目的就是打开儿童、打开教师、打开作品，让作品原义与教学理解相遇。备课的时候，当我无奈地枯坐的时候，就会提醒自己，写点东西吧，写点东西吧……当一段段解读的文字缓缓流出，我也就实现了让作品人物、内容、写法或意蕴的教学化。用对话理论来说，这样解读作品的方式其实是一种磋商与沟通。就好像作品（作家）与教师（学生）在谈判，其目的就是寻找最适切的教学点。

（3）整本书阅读交流教学内容的择取与深化。

整本书可以带领学生交流、审视的内容有很多，比如内容与情节、主题意蕴、写作特色、人物形象等。确定教学内容，需要从以下三个层面予以观照：一是《义务教育语文课程标准（2022 年版）》给整本书制订的目标体系与教材规定的语文要素，二是教师自身所解读、所建构的主题意蕴、阅读策略等，三是学生的阅读期待、习惯、能力等。

那么，《布罗镇的邮递员》这本书究竟该指导学生读什么呢？我也做了很多选择。教学生学会用思维导图梳理故事内容？体会人与自然的和谐相处？深入研究作者环境描写的特色……仔细斟酌《义务教育语文课程标准（2022 年版）》中给整本书阅读任务群制定的目标体系与部编本既定的语文要素，我最终将本次阅读指导课的教学内容确定为人物形象体悟。

这本书的核心人物是阿洛。书的开篇就点明了布罗镇人们与森林居民有着很深的仇恨。书的结尾又点明了布罗镇人们与森林居民和好了。之所以发生这样的变化，一切都是因为阿洛。阿洛用“送信”的方式，秉持人与自然和谐相处的情怀，帮助布罗镇人们和森林居民和好，始终任劳任怨，最终达成目标。阿洛的身上具有作家内心的投射。那么，阿洛身上到底有哪些特点呢？我寻找作家在书中给予的提示。

“你们认识一个叫阿洛的邮递员吗？”捡捡问。

“听说过，据说是布罗镇最善良的人。”兔妹妹说……

阿洛见到一封信，字是绿色的，是用散发着清香的草汁写成的：“阿洛，你是森林里最有名的邮递员，还是心地最善良的邮递员，好运会伴随你的。”

研究到这里，我基本上就确认了这堂阅读指导课的教学内容，那就是带领学生体会阿洛的“最善良”。当然，我也有担忧，那就是这样是否容易带来“概念化”的认识。后来，我专门研读了中国传统文化中关于“善良”的概念。既有来自心理学中对善良的解析，如《善良人格特质者情绪调节与恢复的内隐特点》等；也有对作品其他人物善良品质的解读，如《善良与邪恶的较量——〈红字〉中主要人物心理探析》等；还有基于传统文化角度对善良的解读，如《中国人的人格特点（Ⅱ）：善良》等。

围绕教学内容（即“善良”）的再阅读，至少有这样的意义：一是让我更深刻地理解了“善良”的丰富内涵，绝对不是一个概念，应该说，在不同的情境下，“善良”有具体的表征。二是让我认识到“善良”作为中国人的人格特质，具有传统文化的价值，在当下很有让学生仔细体悟的必要。

（4）整本书阅读交流方式与路径的确认。

“作者思有路，遵路识斯真。”整本书阅读课教学也是如此。只有沿着作家创作的路径，我们才能真正打开作品的“魔盒”。作家是如何来体现阿洛的“最善良”的呢？在梳理的过程中，我发现，作家是通过“设置并战胜困难情境”来达成的，阿洛每遇到一个困难，他的“最善良”就会闪现出一种内涵。于是，我就确定了这堂阅读指导课的交流方式与路径：在作家的语言文字、作品人物的境遇中，体会阿洛“最善良”的丰富内涵，这样就可以达成人物形象体悟的具体化。

2. 阅读交流实录与评析

【教学目标】

（1）复习课内所学的品悟人物形象的方法，并能主动运用到《布罗镇的邮递员》一书的阅读中，明晰阿洛的形象特点（包括整体印象与突出特点）。

（2）比较单篇阅读与整本书阅读的异同，进一步完善体会整本书人物形象的策略。

（3）借助“为什么要写阿洛？”这一话题将作家专题访谈引入课堂，让“学生思考”与“作家意图”进行对话与融合。

【教学准备】

学生课前自主阅读《布罗镇的邮递员》，用思维导图理清人物关系。

【教学过程】

（1）引入书目，唤醒初读印象。

师：同学们，最近我们一起共读了《布罗镇的邮递员》一书，你有什么收获？

生 1：我从中读到了精彩的故事情节。

生 2：我知道了阿洛乐于助人。

……

（教师根据学生的回答，总结一本书可以从“主要内容”“人物形象”“故事主题”“写作特色”“人生思考”等方面给我们带来收获。）

【点评】整本书的内容、情节等要复杂得多，因此带给学生的阅读体验也不是单维的。教学开始，教师就引导学生从多方面畅谈了收获，既让学生对《布罗镇的邮递员》这本书形成较为完整的印象，又让学生感受到整本书内涵的丰富性。

师：今天这堂课，让我们来聚焦人物形象，走近故事的主人公——阿洛。阿洛给你留下了怎样的印象？限时 60 秒，比一比谁写得多。

（学生练习）

师：划掉意思相同或相近的，数一数，你一共写了几个关键词？

（学生汇报）

师：下面请写了十个及十个以上的同学到前面来，其他同学有什么问题想请教他们吗？

生：我想请教前面的同学：你们为什么能写那么多呢？有没有什么方法呢？

【点评】聚焦人物形象之后，如何唤醒学生的初读体验？教师此处设置了一个游戏环节——“现场限时采集”。学生在愉悦、紧张的氛围中，充分调动阅读的初步体验，总结、提炼阿洛的特点，不知不觉中，开启了这堂课的人物形象品读之旅。

（2）迁移课内所学方法，体会人物形象。

师：体会人物形象，我们可以用什么方法呢？

生：我们可以“抓住语言、动作、心理等描写体会人物形象特点”。

师：让我们先来回顾所学的课文，是不是用的这种方法？（出示四上教材目录，用红线标注写人的文章，浮现人物姓名）

（学生边看边回忆）

师：同学们，让我们把课内学到的方法用到《布罗镇的邮递员》这本书的阅读中吧！好，我们一起先来试读一段。自己读一读，从中你读出了阿洛的什么特点？

（出示以下内容：

花期已经过了！没有花了！特沃先生只能等死了！

阿洛不甘心，有一棵树，就应该有另一棵，它一定藏在这森林中的某个地方，那棵树上的花也许还没有落尽。

阿洛要继续寻找，无论如何也要救活特沃，他跟松鼠先生才刚刚和好呢！

阿洛往前走，试图找出被森林藏起来的另外的花树。

——《有一条大河》）

生：我从“不甘心”“要继续寻找”等词语中体会到阿洛有一种坚定的信念。

【点评】在整本书阅读启动之初，“课内得法课外运用”的意识与习惯显得尤为重要。教学中，教师回顾了课内学到的人物形象体会之法后，没有很生硬地让学生直接运用，而是引导学生思考“课内学到的方法是否能运用到整本书中”，答案是肯定的，这样一个审思的过程却是主体意识的唤醒与激发。

师：下面我们一起来聚焦书中的一个故事——《收起你的凶器》。谁来读一读活动的要求？

（出示：①根据作者给故事留下的自然分层，我们将这故事分为六部分，请分别标上ABCDEF。②以小组为单位，选择其中的一部分，抓住语言、动作、神态等描写体会阿洛的特点，将体会到的关键词批注在段落旁边。③组内交流，将最终确定的人物特点写在彩色粘贴纸上，一张纸写一个人物特点，体悟到几个特点就写几张贴纸。④组长在相应指示处粘贴人物特点，组员可以前来帮忙。）

（学生按照以上流程自行进行阅读体验活动）

师：同学们，你们看，围绕一个故事，大家就读出了阿洛身上的这么多特点，下面请4名同学到前面来筛选，相同特点只留一个。

（学生代表筛选）

师：下面选择一个大多数同学都发现的特点，来讲讲理由。选哪一个？

（学生一起挑选了“勇敢”）

生1：图格看不起阿洛，还曾经把阿洛的信件扔得到处都是，但是阿洛仍然选择帮助图格，这需要拥有很大的勇气。

生2：和图格一起进入森林，为什么图格受伤了而阿洛没有受伤？阿洛勇敢地选择了去寻找答案。

生3：当阿洛和图格再一次进入森林的时候，图格绝望的时候，阿洛选择了坚持，他比图格更有勇气。

……

【点评】这个教学环节，教师创设了自主活动情境，让学生自行迁移课内学到的阅读方法体会整本书中的人物形象。我们可以发现，教师采用了先整体后聚焦的方式，即先让学生找出阿洛的大多数特点，以形成比较完整的印象，然后再让学生围绕找出的共同特点谈理解，以达到聚焦的目的。整个体验过程，既关注了学生的个性化阅读，也把握住了集体交流的共性话题。

师：同学们，运用“抓住语言、动作、神态等描写体会人物形象”时，整本书与单篇文章有哪些不同？

生：整本书篇幅长、内容复杂，体会人物形象时我们需要快速找到关键语句；整本书人物特点更丰富，可以帮助我们形成较为完整、立体的印象。

师：整本书阅读还可以用上什么方法体会人物形象呢？

生：关注作者围绕人物安排的各种情节，这些情节会带领我们更全面、深入地理解人物，同时也使人物主要特点更突显。

【点评】“课内得法课外迁移”指的是课内教材学习向课外阅读的流动，但因整本书与单篇课文存在着较大的差异，所以阅读方法也存在着某些层面的不同，从这个层面上讲，整本书阅读也应形成本身固有的策略系统。本阶段，教师引导学生认识、发现整本书阅读与单篇阅读的差异，以帮助学生完善整本书体会人物形象的方法系统。

（3）凝视人物特点，思考写作原因。

师：同学们，让我们快速地翻一翻书，再看看上课开始时写下的阿洛特点，你还需要添加什么呢？自己补一补。

（学生翻阅、补充）

生1：我还想补充“感恩”，因为从《寻找花树》这个故事中，我发现阿洛之所以费尽千辛万苦为采弥寻找花树，是因为他是一个有感恩之心的孩子。

生2：我还想补充“耐心”，因为我发现当阿洛想帮助一个人或一个动物的时候，总是先不厌其烦地得到别人的信任。

【点评】这一部分是对教学开始时“现场限时采集”的延伸，此处设置这一环节很有必要，因为经过一堂课的学习与体悟，学生对阿洛的认识已经具有了一定的发展，此时需要组织学生再次审视并丰富自己对人物的理解。

师：同学们体悟得很好，可是，我们永远不要忽略阿洛的另一面。（出示课文中描写阿洛母亲早逝、父亲酗酒、穿的衣服是捡来的等语段）想一想，作家为什么要创造阿洛这一形象呢？

生1：作家写出了阿洛，是想让我们感受到世间的美好。

生2：作家写阿洛的善良，是为了让我们向他学习。

……

师：同学们的理解都很有道理，想不想听听作家是怎么说的？

（教师播放作家郭姜燕的采访录音，大意如下：

之所以创作阿洛这样一个底层孩子的形象，是想告诉大家，真正的强大，就是在生活中，不管身处何时何地，都能尽自己所能去帮助别人，给这个世界带来温暖。）

【点评】正所谓“一千个读者眼中有一千个‘阿洛’”，作品出版之后，人物的评价权就已经交给了读者。但是，我们也不能忽略读者与作者之间的沟通与交流，因为这对促进双方理解作品都有很大的裨益。此处，教师将作家访谈录音引入课堂，创设了一个学生与作家相互交流的平台，让“学生的思考”与“作家的意图”拥有了对话与交融。

（4）向整本书迁移，预约形象秀场。

师：同学们，今天这堂课我们用课内学到的方法走近了《布罗镇的邮递员》一书的主人公阿洛，其实，这本书还有很多其他的人物或动物，我们同样可以使用这种方法来体会他们的特点。

（出示：书中还有很多其他的人物或动物，选择其中一个，请你运用课内学到的方法体会形象，为人物或动物制作一张图像卡，可以采用手绘外貌+百字介绍的形式，在班上组织一次《布罗镇邮递员》形象秀场。）

【点评】 整本书阅读课如何让学生也能做到“一课一得”？本堂阅读交流课紧紧围绕人物形象展开，最终也将课后的阅读实践指向人物形象体会，形成了一个阅读策略运用与阅读能力形成的循环圈。

评析：苏州大学实验学校　郭姜燕

想象型分享：童话的想象与儿童想象力的养护

——《水妖喀喀莎》整本书解读、阅读交流实录与评析

1. 整本书解读

（1）特点之辨。

在分析《水妖喀喀莎》的特点之前，我们先来明晰一下儿童文学的分类，这对我们分析具体某一本童书的特点很有帮助。我们来看朱自强教授所做的儿童文学分类表：

儿童文学	韵语儿童文学	童谣、童诗	
	幻想儿童文学	民间童话、创作童话、幻想小说	
	写实儿童文学	儿童小说	冒险小说、历史小说、侦探小说、现代小说
		儿童故事	
	纪实儿童文学	传记、报告文学、散文	
	科学文艺	科幻小说、科学美文	
	动物文学	动物小说、动物故事、动物散文	

/执教《水妖喀喀莎》

朱自强教授将童话归为幻想儿童文学，幻想儿童文学下分了民间童话、创作童话、幻想小说。当然，现在也有将幻想文学细分出以下项目的，如李坤烨在硕士论文《幻想文学与青少年想象力的培养》一文中将科幻、童话、奇幻、魔幻、玄幻等归入幻想文学的阵营。在琢磨《水妖喀喀莎》的时候，我先是从童话的角度入手的。童话有什么样的特征呢？我们来看朱自强教授在《儿童文学概论》一书中的界定：独特的书面语写作，个性化的表现，创作童话的象征和诗性表现，一次性写作。

但是，研究来研究去，我产生了一些疑惑，因为我发现书中有些特点超越了童话。突然之间，我发现了对“幻想小说”的界定，一对照，竟然有了一些新的发现：

在中国，幻想小说并没有完全从童话中分化出来，人们还没有建立起关于幻想小说的感性知识。如果将目前所有的对幻想小说的定义综合起来，我们可以发现幻想小说有这样几个要素：①幻想小说表现的是超自然的，即幻想的世界；②幻想小说采取的是“小说式的展开方式”，将幻想“描写得如同发生了一样”；③幻想小说与童话不同，其幻想世界具有“二次元性”，有着复杂的组织结构。

事实上，虽说《水妖喀喀莎》是用童话的形式写成的，但它的内容、写法、主题等要比童话丰富得多。作者也曾这样说过——

对，就这样，用童话的形式，写一个女孩充满奇幻色彩的童年时代，写看似平平常常却又惊心动魄的成长，写一个孩子的精神世界怎样日益丰饶，写成长过程中的欢喜和悲伤、困惑和无助、疼痛和梦想、宽容和救赎，以及对世界的好奇和探索，对一切生命的热爱和疼惜……2013 年春节完成了“奇幻童年故事本”系列的第一个短篇《看戏》，到 2015 年 3 月底全部完成，一共六个短篇，五个中篇。

虽说“在中国，幻想小说并没有完全从童话中分化出来，人们还没有建立起关于幻想小说的感性知识”，但为了表达的需要，作家已开始借用幻想小说的方式去塑造情节与人物。

（2）内蕴分析。

一本童书的价值分析可以从这样几个维度来进行：情节与内容，人物与细节，主旨与思想，特色与风格，积淀与表达。

《水妖喀喀莎》的价值主要体现在成长力量和奇特想象两个方面。下面围绕“奇特想象”来谈谈我自己的理解。

①创界：构建平行世界，实现完美赋形。

《水妖喀喀莎》中，作者构建了一个与人类世界相互平行的世界，那就是水妖的世界，并借助奇妙的想象与文笔，对这个世界进行了完美的赋形。在这个世界里有一个曾经干枯的噗噜噜湖，湖中有一个湖灵，另外还有九个水妖。这个世界还有它的意义，“噗噜噜”的意思是“永远”，“咕嘀答”的意思是“勇气”，“喀喀莎”的意思是“眼泪”。这个世界还有它的分工，湖灵嘎啦嚓是噗噜噜湖至高无上的守护者，“在他的守护下，几千年来湖水清澈，水草丰美，鱼儿成群，水妖快乐”；咕嘀答“变成一颗小小的沙粒”，“躺在一个蚌壳里，埋进湖心的泥土中”，“忍受无穷无尽的黑暗、孤独、疲惫，甚至绝望……”；帕帕提、喀喀莎、咚咚嘎、嘭铃铃、咔啦咔、嘤嘤当、噗噗呱、呜哩哇、嘟噜嘟、喃喃咕的任务是到人间生活，等待湖灵的召唤。这个世界还有它的仪式，“湖灵没有回应土豆，而是唱起歌谣：‘归来吧，湖水；重生吧，噗噜噜……’十个水妖擦干眼泪，站成一排，一起唱：‘归来吧，湖水；重生吧，噗噜噜……’”；这个世界保持着它的神秘，当土豆带着喀喀莎重回噗噜噜湖时，湖灵告诉她怎样才能将其他九个水妖找回来，湖灵只将秘密告诉了喀喀莎，“土豆便有些尴尬，垂着手往后退了两步，有点小小的难过，但转念一想，他们要说的是一个不能让人类知道的秘密吧，便释然了”，故事的结尾，作家也逐步将儿童拉回现实，“很多很多年后，土豆长大了。她再也没有回去过噗噜噜湖，因为她根本不知道它在哪里。”

就这样，作家创设了一个充满奇异想象的水妖世界，这个世界平行于人类的世界。作者这样做就是为了让故事的主人公土豆能够在这样一个世界里游历。当然，也是为了让儿童在这样一个想象的世界里游历。

②变形：采用多样幻化，实现边界融通。

变形，指有意识地变更（夸大、缩小或其他方式的改变）所描写的现实中对象和现象的性质、形式、色彩，使它们具有最大的表现力，对人产生审美感染力。《水妖喀喀莎》也不例外。故事中，湖灵与喀喀莎的变形很奇特。

湖灵嘎啦嚓的存在很神奇——

是的，水妖们从来没瞧见过嘎啦嚓的面容，从她们被噗噜噜湖孕育并诞生的第一天起，一直到现在，他的一个手指头都没有见到过。从前噗噜噜湖汪汪洋洋的时候，她们见不到他，现在只有裸露的湖底了，她们还是看不见他。可他说话的声音明明就在身旁。

“我没有什么可看的。我在这里，又在那里，我在噗噜噜湖，在湖水浸润过的每一寸泥土里，我无处不在。”嘎啦嚓的声音，飘荡在干涸而广阔的湖底之上，泥土裂开的每一道缝隙，仿佛都是他张开说话的嘴巴，语音温和又浑厚，四面八方聚拢在一起，回响在水妖们的耳畔。

后来，当喀喀莎回到噗噜噜湖的时候，她发现湖灵竟然变成了一只正趴在草叶上的“幽蓝的甲壳虫样的小家伙”，再后来，噗噜噜湖重生的时候，湖灵嘎啦嚓又变成了“一个棕褐色长头发、长胡子、深蓝衣服、眼神温和的男人”，而这应该是湖灵真正的模样。

湖灵嘎啦嚓的变形跨度最大，与此相类似的是喀喀莎的变形。喀喀莎的第一次变形就是因为忍受牙疼而变老，“她越来越丑，因为离开湖水太久，她的适合水下生存的皮肤在太阳底下变得又黑又软，比松树皮还难看”。第二次变形是收到湖灵嘎啦嚓召唤后计划返回噗噜噜湖，准备让土豆帮忙，“土豆一张嘴，便见一尾红色的小鱼，从溪水中高高跃起，精准地跳进了自己的嘴巴里。她只觉得喉咙轻轻一痒，小鱼哧溜滑了下去，游进了身体的深处”。第三次变形是变成了眼泪，“起先，土豆和喃喃咕想把她扶起来，扶到椅子上。无奈她的身体又软又滑，一次又一次从她们手里溜出去，根本扶不住”，“然后她的身体渐渐透明起来，成了一条透明的大鱼，鱼慢慢缩小，小到土豆的一个巴掌那样，安静温柔地躺在尘土之上，安静温柔地看着土豆和喃喃咕，安静温柔地微笑”，“而喀喀莎的变化并没有停止，鱼的形状一点点模糊起来，成了一颗很大的水珠，通身沾满尘土，旁边是一颗蓝莹莹的牙齿”。

③造具：取材日常物件，赋予神奇功能。

正如汤汤曾说过的：“我的灵感总是来自平常的东西。”她的童话中所摄取的事物都是我们日常所常见的，比如《水妖喀喀莎》一书中的“牙齿”。不过，作者借助自己神奇的想象力，对此中的牙齿赋予了神奇功能。牙齿的出现很特别，湖灵告诉水妖们“离开噗噜噜湖以后，嘴巴里会长出一颗新的牙齿”；牙齿的作用很特别，“如果有一天这颗牙齿变成蓝色，湖水般的蓝色，你们就要赶快回来，那是我和咕嘀答在召唤你们，倘若你们不能在三天内及时赶回，归来的湖水很快又会干涸，并且永远干涸，噗噜噜便真正死亡了”；拔牙后的负面影响很特别，“拔掉之后会忘记所有关于噗噜噜湖和水妖的事情，变成一个普普通通的人类。不过又和普通人类不太一样，当活到像普通人那样足够老的时候，又会在某一个夜里重新变回孩子，开始一个全新的人生”；牙疼的时间也显得很特别，“没有月亮的夜晚开始发作”；牙齿在疼痛的过程中又与日常生活中小朋友们所体验到的真实情况相类似，作品中用了大量篇幅描写了水妖们牙疼的场景，“从一颗牙齿弥漫全身，痛得水妖们在床上和地板上打滚，一直折腾到次日太阳升起才会停歇”。我以为，作家如此安排，一方面可能是为了贴近儿童真实的生活，另一方面是为了唤起学生真切的阅读体验。

当然，在这本书中，还有很多其他充满奇特想象的事物，比如喀喀莎在思念噗噜噜湖时所画的石子，“所有的石子上都有湖水，不同的是，有的画着少女，有的画着鱼，有的画着水草，有的画着蚌壳……每一颗，只要稍微瞧得长久一点，深蓝澄澈的湖水就会荡漾起来似的”。这些神奇的石子最后被村民们倒进了臭水塘，臭水塘里的水，竟然变成“满满盈盈，澄澈透明”了。石子也是儿童平时喜欢玩耍的，但在故事中，却被赋予了能够寄托思念、拥有画面、夜间发光、净化塘水等美妙特点，这不能不说是汤汤想象的神奇之处。

从生活中的常见之物处取材，作家借助想象，将神奇功能赋予它们，“努力地找到平常和神奇之间的共通点，这共通点就是所有生命最真实的情感、最真挚的悲喜和渴望，还有最珍贵的爱，以及对生命和世界本质不竭的探索吧”。让儿童读来既觉得熟悉与亲近，又觉得超然物外、脑洞大开。在汤汤的作品中品析过这些普通而又神奇的物件后，儿童面对生活，就拥有了另一种视角。这种视角里有创造想象、热爱生活的能量。

④创境：设计写实困境，提供成长境遇。

《水妖喀喀莎》也是一部成长小说，既可以看作是水妖喀喀莎的成长，也可以看作是土豆的成长。

水妖喀喀莎经历了长时间等待、牙疼的折磨、变丑、孤独、献身等挑战，虽然最终她就像自己的名字一样化为了眼泪，“湖灵嘎啦嚓从土豆手里接过蚌壳，蹲下身，慢慢放进湖水里，松开手，蚌壳摇摇晃晃沉了下去，哪滴水是喀喀莎呢，早就分不清了”。文中花费了大量的笔墨描写她经受牙疼的折磨，“一年一年过去，只要是没有月亮的夜晚，喀喀莎便疼得嗷嗷大哭，眼泪打湿整张床，流淌到地板上”；“喀喀莎满屋子打起滚来，土豆怕自己的双脚碰到她，不停地跳来跳去。喀喀莎此刻的样子，多像土豆在电视里看见的，中了剧毒垂死挣扎的人。土豆无法想象她的疼，她能看见的就是眼前的喀喀莎，站不起来，也坐不起来，只能躺在地上，被疼痛折磨得乱滚，像飘落在地、被风驱赶着的一片枯叶”。这些应该是作者为了唤醒学生牙疼的体验，以形成阅读的共鸣。

但实际上，喀喀莎最大的挑战应该是孤独。在忍受孤独的全部过程中，喀喀莎面对的挑战来自三方面，第一个方面是姐姐们的离开与放弃。喀喀莎亲眼看着自己的姐姐们在等待湖灵召唤的日子里，或是不堪忍受牙疼，或是不堪忍受变丑，最终拔掉了牙齿。就这样，喀喀莎目睹了姐姐们一个个地变成了“人”，忘却了曾经在噗噜噜湖的记忆，也忘记了自己的使命。于是，喀喀莎“来到了一个村子，找到一个房子，从此足不出户，每天只吃点水草……”第二个方面是村民们的误解与驱逐。“第二天，午饭后，秋风起。喀喀莎屋前的荒地上，男人们在前，背着锄头，提着木棍，女人和小孩在后，或踮起脚尖，或缩着脖子。风车茉莉已经结了细长的小果子，繁茂厚实的枝叶覆盖着孤单的泥土小屋。男人们用锄头和木棍敲击地面，发出沉闷的‘咚咚’声。男人们又开始用锄头和木棍敲击地面，村长用一个破旧的喇叭喊话：‘你如果不离开南霞村，就别怪我们不客气啦！’”第三方面是独自忍受牙疼时的孤独，有时连土豆也看不下去了，土豆这样劝喀喀莎：

土豆再次眼睁睁看着她在地上打滚，看得脸色发白，脊背发凉。她受不了了。

“喀喀莎，明天你把牙齿拔了吧。”

“不拔。”

“你都等了这么多年了！”

“一百一十四年。”

“噗噜噜湖不会重生了。”

“会的。”

“帕帕提她们不是都拔了吗？”

“我不拔。”

喀喀莎因为疼痛说不了长一点的话。

“你要等到什么时候啊？”

“什么时候都等。”

“如果永远等不着呢？”

“永远等。”

于是，土豆成了一个亲见孤独、理解孤独、战胜孤独的孩子。“写一个孩子的精神世界这样日益丰饶，写成长过程中的欢喜和悲伤、困惑和无助、疼痛和梦想、宽容和救赎，以及对世界的好奇和探索，对一切生命的热爱和疼惜……”作者为什么创造土豆这样一个形象？我感觉，作者是想让小读者也产生替代效应：如果你是土豆，一定也会像土豆一样，全身心地帮助喀喀莎。

……

(3) 定位、设计与反思。

同样，一本书的教学内容也可以从整本书价值的五个维度入手。需要说明的是：教学中，我为什么不围绕人物的精神力量去挖掘呢？有两方面的主要原因：一方面是学生在初读的过程中，已经能够比较清晰、直接地感受到人物的坚忍与信念。更为主要的是，我担心自己没有能力去操作这一方面。为什么呢？作家已经用文字完美地呈现了这一内涵。如果再用教学式的涵泳体悟，我担心会破坏这本书。另一方面是在阅读过程中，学生最感兴趣的是书中的想象。想象又是那么的重要。可是，事实上，能够完全、纯粹地围绕想象来交流一本童书的并不多。于是，我就想挑战一下自己。

想象力很重要，这方面的论述已经有很多很多。这里就不再重复了。德国著名的儿童文学作家埃里希·凯斯特纳将幻想力称为儿童的“第三力量”。他说：“儿童的理性可以在学校发展，儿童的身体也可以通过体育来锻炼，但是，可悲的是，儿童的心灵所拥有的第三种力量却被世间所无视，正受到严重损害。由于这一原因，人类社会长期以来，存在着可怕的缺陷。因为不用而枯萎了的这第三种力量就是幻想力。大人们在另外的领域发挥着理智的作用，可是却因为幻想力的枯竭，使社会以及个人的生活失去了根基，而且还全然没有察觉。”那么，整本书阅读对儿童的想象力究竟会有什么样的养护作用呢？

①养护作用的三个维度：扩大版图、契合认知、精神历险。

扩大版图：如果对儿童阅读幻想型故事的情况作认真观察，就会发现在总体上，学龄前和小学低年级儿童对民间童话（如《格林童话》）、创作童话（如《安徒生童话》）怀着浓厚的兴趣，至小学高年级，尤其是进入初中，对前两类童话会逐渐降低兴趣，而向少年小说等真实表现现实生活的文学样式倾斜。然而这个时期，并非学生不再需要幻想型作品，只不过是由于他们自然科学知识的增加和理性精神的萌生，对民间童话、创作童话这样“明知道不能相信却还要听”的类型，在阅读欣赏上产生了一定的心理障碍（怀疑）。可以说，幻想小说的出现成功地完成了一次远征，把幻想型文学的版图扩大到了儿童文学读者的高年龄层。

契合认知：从幻想小说文本本身来看，也很容易理解为什么它对儿童更具有召唤力。惊异和魔法无处不在、充满了英雄气概的历险、危险似乎无法克服、法则和秩序超出了它们的界限……所谓的逻辑就像一顶旧礼帽，可以歪戴也可以抛到风中；笑声也是与众不同的……所有这些，尽管儿童并不总是能够认识它所代表或隐喻的现实，却都是令他们兴奋的幻想。它们与儿童的感知方式、认知方式总有这样那样的契合之处。

精神历险：我个人以为还有一个精神历险的功效。由于是具有个性的非类型化人物，幻想小说中的人物便更加使儿童读者感到可感、可信、可亲，仿佛那人物就是自己或者至少是自己身边的伙伴，这就更容易把儿童读者拉入“同化”这一阅读的佳境。由于幻想小说的人物能够在幻想与现实这两个世界自由来往，这就更满足了小读者的愿望并激起他们的好奇心。

②教学定位：目标的确立与方式的选择。

目标的确立（见下文“阅读交流实录与评析”中的“交流目标”）。

方式的选择：我们可以看到，阅读交流课确定教学内容时主要有两种取向：单一主题式，即围绕一个主题分不同层面展开交流；多个主题式，即围绕整本书的多个层面展开交流。

阅读交流课确定教学方式时也有两种取向：一是“主题＋话题（问题）”式，在这种课堂里，话题一般都是教师既定的，当然，这些话题都非常有价值，是教师经过反复推敲、斟酌的，能够深入整本书的精髓；二是“主题＋活动”式，在这个过程中，活动是教师根据整本书的特点既定的，不过，书籍的内蕴是需要学生去发现、去探究的，话题（问题）带一定的生成性。

整本书阅读教学内容的确定	单一主题式（围绕一个主题分不同层面展开交流）	多个主题式（围绕整本书的多个层面展开交流）
整本书阅读教学内容的择取	“主题＋话题（问题）”式（教师既定有价值的话题，逐步深入整本书的精髓）	“主题＋活动”式（教师根据整本书的特点既定活动样式，学生借助活动发现整本书的内蕴）

这些其实都是元素，愿意采用什么样的方式展开教学，只要我们进行相关的组合即可。最终我执教的方式是“主题＋活动”式，教学前确定了一个主题，即研究想象。教学选择了一个活动样式——“给作家的想象评分”。教学环节主要分为以下四步：第一步，基于信息层面，梳理书中的想象；第二步，基于理解层面，感受想象的特别；第三步，基于建构层面，初会想象的作用；第四步，基于激趣层面，猜想其他的作品。

2. 阅读交流实录与评析

【交流目标】

（1）选用自己喜欢的方式梳理整本书主要内容。

（2）知道“想象”是童话的重要特征，能够围绕“想象”梳理整本书内容，能够从“创造世界”“交往自如”等角度感受作家想象的奇特，从而感知这一类文体的特点。

（3）借助猜想激发阅读兴趣，产生阅读作家其他作品的欲望。

【活动准备】

（1）根据预读单，选用适合的方式概括《水妖喀喀莎》的主要内容。

（2）梳理书中作家“想象”的内容（一张贴纸写一个方面），内容下面写上自己的名字。

【活动过程】

师：同学们，上课前，我们先来做一个小游戏，好不好？（出示：小游戏“请发挥你的想象想一想”）

师：发挥你的想象，这可能还是什么呢？（出示：半圆）

生1：蜗牛的家。

生2：落日。

……

师：继续发挥你的想象，这可能是谁的翅膀？（出示：翅膀）

生1：天使的翅膀。

生2：灰熊的翅膀。

……

师：今天这堂课，老师送大家一对想象的翅膀。（教师在黑板上以简笔画的形式画翅膀）

【评析】从课前谈话开始，教师便将阅读交流的重点聚焦在“想象”上，还“别有用心”地设置了一个伏笔——给同学们送一对想象的翅膀，因为本堂课教师期望能够借童话作家的想象来养护儿童的想象力。

（1）梳理故事内容。

师：同学们，最近我们共读了一本书，把这本书举起来，一齐读书题——

生：《水妖喀喀莎》。

师：这本书写了一个什么故事呢？课前，同学们选用不同的方法梳理了这本书的主要内容（出示提供的各种方法），你用了哪种方法呢？

《水妖喀喀莎》主要内容梳理（“起因、经过、结果”法）

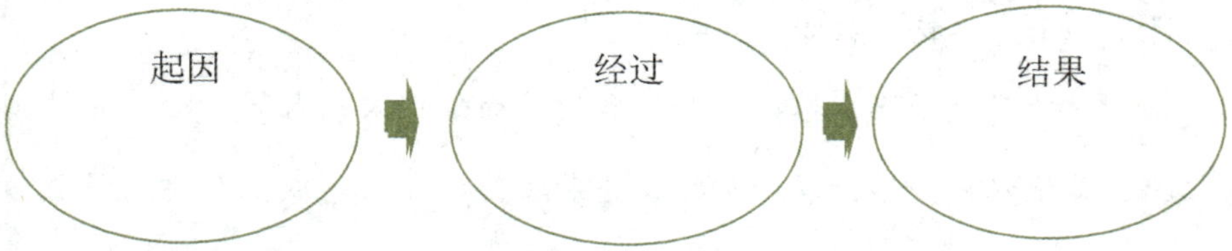

《水妖喀喀莎》主要内容梳理（根据需要选择目录串联法）

《水妖喀喀莎》主要内容梳理（内容提示完善法）

《水妖喀喀莎》主要内容梳理（围绕主要人物罗列事情法）

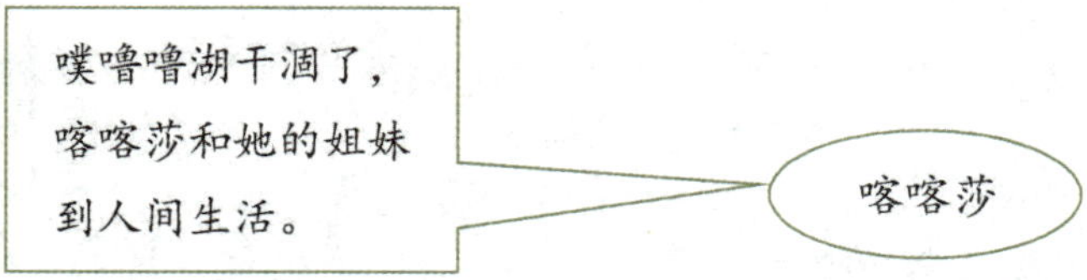

《水妖喀喀莎》主要内容梳理（自己的方法）

（请3～5名同学介绍自己所采用的方法）

师：谁来介绍这个故事的主要内容？

生：噗噜噜湖干涸，水妖喀喀莎和她的姐妹们来到人间生活，等待湖水归来。其他水妖因不能忍受牙疼，先后拔掉了牙齿，成了人类。只有喀喀莎在各种磨难中坚持了下来。她隐居到南霞村，认识了一个小女孩——土豆。村民们担心喀喀莎是坏人，就把她驱赶出了村子。就在喀喀莎极度虚弱之际，她感受到了湖灵的召唤。她变成了鱼钻进了土豆的肚子里，借助土豆的身体返回了噗噜噜湖。为了帮助变成人类的姐姐们恢复记忆，喀喀莎扒下了耳朵背后像心脏一样重要的鳞片。最后，噗噜噜湖重生了，但喀喀莎变成了水滴。

师：同学们，概括主要内容有助于我们快速地把握这本书。

【评析】理清主要内容是整本书阅读的基础。那么，我们究竟该如何带领学生梳理整本书的主要内容呢？不同年级应该有不同的方式。此处，教师根据高年级学生整本书阅读的特点，以“方法超市”的形式为学生提供了多种方法，既给学生提供了参考，又给予其充分自主性。

（2）唤醒阅读体验。

师：同学们，当我们投入地阅读一本书时，就会体验到各种各样的心情。

（出示开心、难过、疑惑等表情包）

师：读完《水妖喀喀莎》，你的心情是怎样的？请大家用一种表情表示你读后的心情——

（学生做表情）

师：谁愿意来接受下采访——

（教师采访学生所做的表情及原因）

（3）活动聚焦想象。

师：开心也好，伤心也好，惊讶也好，疑惑也好……都是因为《水妖喀喀莎》这个故事。作家是靠什么把这个故事写出来的？

生：想象。

师：对，《水妖喀喀莎》是一本童话，想象是童话作品的重要特征。今天这堂课，我们就来走进作家的想象。（板书：想象）

【评析】整本书阅读交流，我们可以从很多个角度切入。教学时，不能求全而应根据实际情况进行择取。本环节，教师对本堂阅读交流课进行了话题聚焦，那就是“走进作家的想象”。

师：今天，我们就来做一个活动——给作家的想象评分：拿出课前完成的“想象贴贴卡”，4 人为一小组，在组长的组织下筛选。不同的内容留下，相同的内容保留一份；讨论、补充新的内容，限时 2 分钟。

师：我们先来商量下，你们准备给作家的每处想象打几分？

生：10 分。

（学生组内交流）

师：下面集体交流，一人交流一处，不要读书上的内容，用自己的话概括，相同的内容不要重复。时间关系，邀请十位同学到前面来。另外，再请两位同学帮忙，负责将内容粘贴到“翅膀”内。

（学生交流、粘贴）

师：数一数，你们给作家的想象打几分？

生统计：240 分。

师：同学们，作家的这些想象给你什么感受？

生：活跃、千变万化、大胆、奇特、不可思议、奇妙……

师：看来，作家的想象确实非常特别。为作家的想象只打基础分是不够的，我们还需要给作家——

生：加分。

师：加分是要理由的。这个权利继续交给大家，请看——

（出示：从故事中选择一处想象描写，用“我觉得……因为……”的方式，讲述作家的想象到底有什么不可思议或奇妙、大胆之处；赢得超过一半同学的认同，就可以为作家的想象加______分；可以采用联系生活讲述理由、声情并茂的朗读等方式，以争取更多同学的认同。准备两分钟。）

师：现在你们觉得可以给每一条加多少分？

（学生讨论）

师：这样，我们也来定一个标准。一要看大家找的内容，二要看大家说得怎样。超过一半同学点赞的，加 30 分；如果理由讲得特别充分的，加 35 分。好不好？自己先练一练。

师：谁愿意到前面来？推荐五位同学。

（学生交流，教师根据学生的交流板书：创造世界、名字特别、善于变化、神奇宝贝、情节曲折、交往自如……）

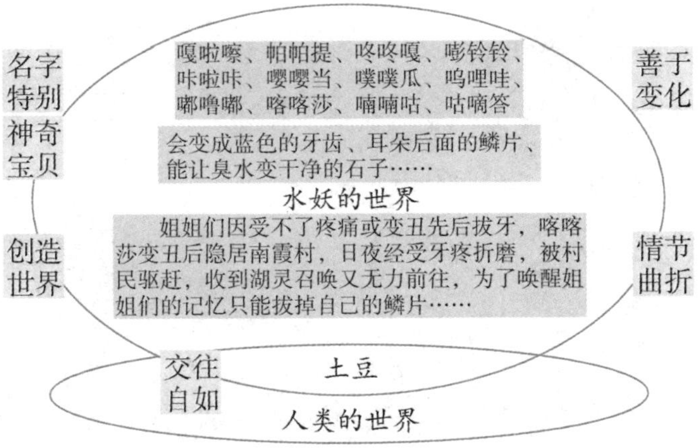

现代童话的想象元素

【评析】 围绕想象展开的阅读交流活动，教师预设了“给作家的想象评分”这一环节。为了避免活动的单一与扁平，教师又创生出了两个梯度，一是“评基础分”，二是“项目加分”。“评基础分”活动目的是引导学生围绕主题梳理文本信息，“项目加分”活动目的是引导学生进一步理解作家的想象究竟有何奇妙之处。

师：同学们，这些都是现代童话的想象元素。你们觉得想象可以做什么呢？

生1：可以发明一些有趣的东西。

生2：想象可以让我们拥有快乐。

生3：想象可以放飞自我。

(4) 迁移猜想奇幻。

师：汤汤的奇幻童年系列除了《水妖喀喀莎》还有其他好几本，读一读它们的名字。我们能够确定的是，这些书中肯定会有——

生：想象。

师：我们选择其中的一本《美人树》，来猜一猜书中会有哪些奇特有趣的想象呢？

(学生猜想)

师：给大家透露一点点消息，这本书主要写的是一棵树名叫冬小青，一个女孩名叫土豆，她们互换了身体，冬小青变成了土豆，土豆变成了冬小青……想不想去读一读？(想)

【点评】 教师继续围绕“想象”引导学生去猜想作家的其他作品，既体现了交流主题的一以贯之，又实现了“从一本到多本”。

(5) 自主设计作业。

师：今天，我们关于《水妖喀喀莎》的奇幻之旅快要结束了。最后，如果给本堂课留一个作业，你想给自己布置一个什么作业呢？

生1：我想去找汤汤的其他书来阅读。

生2：我想再读一读《水妖喀喀莎》，再好好感受下书中的想象。

板书设计：

【总评】本节阅读交流课，教师围绕“想象”开展，以活动“给作家的想象评分”为载体，组织学生感悟、品读作家的想象，并从创造世界、善于变化、交往自如等角度引导学生触摸现代童话的想象元素。整堂课展现了教师深度解读儿童文学作品的能力，也呈现了其阅读交流课意义建构的理想。

评析：浙江师范大学人文学院　汤汤

思辨型分享：“聊天”的意义

——《会跳舞的小星星》整本书解读、阅读交流实录与评析

1. 整本书解读

作为一名童书研究者，我经常感受到优秀童书对我的“邀请”，就像《神奇飞书》中，书仙子对莫里斯先生的“邀请”一样。《会跳舞的小星

星》这本书对我曾经发出过两次“邀请”：第一次“邀请”，我是以班刊“慧读慧写”约稿的形式展开了教学；第二次“邀请”，我是围绕“聊天（对话）”，和孩子进行了交流与分享。比较两次教学，形式与内容都发生了比较大的变化。究竟是什么造成了前后两次教学的不同？我感觉，这中间最为关键的还是教师对整本书的解读。

/执教《会跳舞的小星星》

（1）原生意蕴的解读：作家，你想说啥呢？

一本童书放在你的面前，它是既定的又是开放的，既是静止的又是流动的。

首要的一步，就是知道作家到底想表达什么。程玮老师这本书的故事情节很简单，就是写了米兰的爸爸因为加班，圣诞节不回家，妈妈感到寂寞，就和理发师去逛圣诞市场，并邀请理发师和他的儿子待降节第四天到家里来喝咖啡。米兰为了保护自己的幸福，采用了装病的方式，最后一家人团聚。应该说，这样的情节安排没有出奇之处。但是程玮老师却在这本书中和孩子们讨论了节日的意义、礼物的意义、家庭的由来、马斯洛需要层次理论等宏大命题。这是令我最吃惊的地方，也是我深深迷恋她的“周末和米兰聊天”系列的主要原因。

在国外定居多年的程玮，看到许多走向世界的孩子在文化心理上尚未完全准备好，意图给他们准备“文化行囊”，第一个行囊是接触和了解西方文化，于是就先有了“周末与爱丽丝聊天”系列，包括：礼貌礼仪篇《米兰的秘密花园》，家庭父母篇《会跳舞的小星星》，亲情爱情篇《黑头发的朱丽叶》，时尚美丽篇《镜子里的小姑娘》，金钱财富篇《芝麻开门的秘密》。

其后的“周末与米兰聊天”系列则以中国文化为中心，这源于作者的另一层意识：鉴于中国孩子留学低龄化的走向，她发现他们真正缺少的是一种植根在本土文化上孕育而成的自信。“要做一个名副其实的地球人，首先得做一个真正的中国人。”“周末与米兰聊天”系列更多担当了民族文化的寻根要务，系列中的五部分分别为学业篇《神奇的魔杖》、文字篇《龟背上的花纹》、书画篇《塔楼里的珍宝》、音乐篇《两根弦的小提琴》、家园篇《赛里斯的传说》，讲述了中国古代科举制度、古代文字、书法绘画、民族乐器以及丝绸之路，从新的视野对中国传统文化进行认识和思考。

站在文化的角度来看成长，究竟有哪些意义？维果茨基和布朗芬布伦纳的研究表明，历史文化对儿童的成长发挥着强有力的影响。由成人所创造的文化，必然地作用于儿童。就某种意义而言，人的成长可以说是文化所产生的。人的成长首先是发生在心理间的，然后发生在心理内。因此，这本书的作者肯定是想通过书本的内容帮助学生了解家庭是什么，初步拥有家庭的概念；知道家庭的相关文化；能够思考家庭中的问题，并能借助书的能量尝试分析问题与解决问题。

（2）儿童生活的透视：孩子，你在哪里呀？

一本童书，对童年究竟有哪些意义？究竟有多大意义？我觉得最关键的一步就是要知道孩子在哪里。就像我在江苏省如皋师范附属小学参加南通市名师培养对象第一梯队（四期）会课活动中执教《王戎不取道旁李》一样，上完课，导师袁炳飞提醒我，究竟是站在现代文的角度教文言，还是站在文言的角度教文言，还是站在文言与现代文过渡的角度教文言。这其实就是教学设计的站位问题。

于是，我设计了这样的调查表格，进行了先期调查：

①你觉得你的家庭生活是（　　）。（填序号）

A. 开心　　B. 伤心　　C. 平淡　　D. 一半开心一半伤心

E. 开心时多伤心时少　　F. 开心时少伤心时多

班级62个学生，共有40个学生选择了A。看来，班级大部分学生是开心的。C、D、E、F各有学生选择。

②家庭生活中，我觉得最开心的是____。

学生觉得最开心的内容写得最多的是和家人一起去玩，其中旅游写得最多。看来，学生外出旅游的体验还是比较丰富的。

家庭生活中，我觉得最伤心的是____。

伤心的学生中父母吵架有8个，学业不理想9个，被父母责怪9个，剩下的为各种原因。看来，影响孩子心境的主要有父母关系、亲子关系以及学业情况。

家庭生活中，我觉得最困难的是____。

学生的困难各种各样，学业上有困难的有12人，做家务觉得困难的有6人，其他的各种各样，有的说照顾弟弟妹妹很难等。可以看出，孩子身处在各种困境之中。其中家庭成员越多，所遇到的关系困扰也就越多。

③我最想对__________（填亲人的称谓）说____。

从这个话题可以看出，孩子们都很懂事，都表达了对父母的理解与感恩。

了解学生生活的现实状态对于整本书阅读有什么意义呢？我一直以为读书具有一定的心理治疗功效。王万清在《读书治疗》一书中认为：读书治疗是咨询员以图书为媒介，激发当事人产生新的认知、态度和行为，以解决问题的心理治疗方法。在这项定义中，王老师认为读书治疗是由咨询员选择图书为心理治疗的媒介，利用图书的文学内涵、图片的启发性，唤起当事人储存在长期记忆中的认知和情绪经验，融合咨询员与当事人讨论图书内容的互动历程，产生新的认知、态度和行为，促使当事人针对心理困扰的问题，获得有效的解决方法，或对问题有所领悟而豁然开朗。

（3）教学内容的重构：老师，你能明白吗？

为了真正打开这本书，我主要采用“多群体共读”“多维度打通”“自我式对话”等方式。

“多群体共读”指的是邀请不同群体来共同阅读这本书。为了看到不同群体是如何理解《会跳舞的小星星》的，我组织学校阅读教师工作坊共读过这本书。下面分享一次研讨之后的记录：

今天试图围绕四个话题和老师聊这本书：

①这本书，给你留下最深的印象是什么？用一个“关键词”概括。

②这本书，给我们介绍了哪些知识？

③这本书，有什么样的阅读价值？

④学生读这本书，有哪些内容是可以对接的？

在聊天的过程中，思想如火花一般迸射。

以王帅老师的观点为例，她认为这本书最大的特色就是对话。米兰与妈妈的对话，米兰与爱丽丝的对话，米兰与彼得老师的对话，米兰与托马斯的对话，米兰与自己的对话。王老师的这个说法，一下子把这本书最为关键的表达形式给点出来了。米兰就是在聊天中获得成长的。这些对话的层次不一样，而且内涵也各有不同。米兰的妈妈传递的是中方文化，爱丽丝传递的是西方传统，彼得老师代表了一种融合中西的思想，托马斯代表了西方儿童对家庭的理解，米兰最终的行动代表了东西方理念融合下对家庭的理解。米兰的观点是西方吗？显然不全是。米兰的观点是纯东方的吗？也不全是。可能就像彼得老师说的那样，我们需要融合中西方的理念。所以，从这个角度来看，托马斯的观点对于家庭来说，有些冷冰冰。王老师觉得这本书与一般的成长小说不同，有比较浓郁的文化意味。其实，作者试图就儿童成长中的问题，从文化的角度来进行诠释与解读。王老师还在阅读中发现，这本书所选取的意象都是温暖的，比如会跳舞的小星星等。

“多维度打通”指的是用更高位的理念来理解这本书。《会跳舞的小星星》这本书探讨的是关于家庭的种种理念。我对家庭的理解，也只是限于自己的生活。为什么会有家庭，家庭是如何演变的等等。这些问题都是我的困惑。为了解决这些困惑，我分别从社会学、人类学、心理学等层面找来相关书籍阅读。比如说：

社会学——《社会学的邀请》（［美］乔恩·威特著）

人类学——《人类学的邀请》（［美］卢克·拉斯特著）

心理学——《动机与人格》（［美］亚伯拉罕·马斯洛著）

……

“自我式对话”：教师对整本书教学价值内容与体系的建构都是在“自我式对话”中完成的。这个过程是一个需要不断引入源头活水的过程，是一个需要不断自我领悟的过程，是一个需要不断独立的过程。

三种对话，以完成对整本书的解读。

（4）生活意义的建构：课堂，你可生成否？

阅读交流课，主要目的就是达成意义的共享。我主要从以下层面进行意义建构：

基于“聊天”，聚焦别样体验：聊天话题的梳理；聊天话题的发现。

基于“文化”，启动识别模式：文化知识的再现。

基于“生活”，形成意义链接：回归书本，思辨人物选择；回归生活，迎接困境挑战。

2. 阅读交流实录与评析

【交流目的】

（1）引导学生梳理米兰与不同人物“聊天（对话）”的内容要点。

（2）聚焦米兰和托马斯对话部分，围绕其矛盾冲突，思辨书中人物选择的理由，理解“追求幸福”与“保护幸福”的含义。

（3）组织学生围绕课前调查的困惑，运用书中学到的文化知识、生活理念等展开迁移式思考。

【教学准备】

（1）学生自读完《会跳舞的小星星》，并用表格形式梳理对话内容。

（2）调查学生在日常生活中的烦恼，并予以整理。

【教学过程】

（1）明确“聊天”的写法。

①概括整本书主要内容。

师：同学们，最近我们一起共读了一本书——《会跳舞的小星星》。这本书主要写了什么呢？请用几句话来说说这本书的主要内容。

（预设：圣诞节快到了，爸爸加班不能回来，妈妈约了理发师到家里过圣诞节，米兰感到家庭开始不稳定，就像一个在桌上滚来滚去的鸡蛋。她在爱丽丝等人的帮助下，用装病的方法让爸爸回家过圣诞节。最后一家人得以团圆。）

②明晰整本书主要写法。

师：同学们，和我们所学的单篇课文一样，小说也会用上各种人物描写的方法，这本小说中，用得最多的是哪一种？

生：语言描写。

师：对，书中有着大量的诸如此类的对话描写——

（出示以下内容：

米兰问：“爱丽丝，您在法国的度假愉快吗？”

爱丽丝很欣赏地微笑道：“米兰，问得好。我本来以为你会问我什么时候回来这样一个问题的。”

米兰：“这两个问题有什么不一样吗？”

爱丽丝说：“这两个问题的目的都是为了久别重逢以后交谈。如果你问我是什么时候回来的，我回答你一个日期，这个谈话就基本上结束了。而且，如果不是很熟悉的关系，这个问题就有点打听隐私的意思，因为它太具体了。而你刚才问的这个问题，可以引起一场真正的有意思的谈话。我可以向你介绍法国南部的风土人情，我还可以给你讲我旅行中经历的故事。一个刚刚度过假的人，他很喜欢向别人谈论自己的假期。所以说，你用这个问题开始谈话，可以得一个优等。”

——《第二章　第一个周末——学会爱和表达爱》）

师：同学们，这就是对话，也就是聊天。来，把书拿起来，看一看封面，读一读最上面的一句话——

生：周末与爱丽丝聊天。

师：《会跳舞的小星星》就是这个聊天系列中的一本。来，我们分角色读一读这段对话。

（学生分角色朗读）

师：爱丽丝告诉我们，能够引起一场有意思的谈话是一门艺术。

【评析】“聊天”是这本书最大的特色。作家主要采用这种方式展开故事情节，传递文化内涵。教师在带领学生梳理整本书主要内容之后，就直接切入了这一重要特点，实现了“提领而顿”。

（2）梳理“聊天”的内容。

①米兰和谁聊过？

师：今天，我们就围绕“聊天”来探讨这样几个问题。

（出示：米兰和谁聊过？他们和米兰聊过哪些内容？这些聊天内容能给我们带来什么样的启发与思考？）

师：第一个问题很简单，我们来做个游戏，一人答一个，不重复。

提示：妈妈、爸爸、爱丽丝、彼得老师、英格丽特、娜塔莉、玛丽安娜、安东、托马斯……

②他们和米兰分别聊过哪些内容？

师：第二个问题，课前大家都进行了准备，下面我们来集体交流。

（引导学生借助下列表格快速分享自己的梳理）

米兰和爸爸妈妈聊天内容梳理

主人公	聊天对象	章节	话题
米兰	妈妈	第三章　冬日的散步	
		第六章　第三个周末——为什么要有家	
		第九章　不是尾声——有多少星星闪烁	
	爸爸	第三章　冬日的散步	

米兰和爱丽丝聊天内容梳理

主人公	聊天对象	章节	话题
米兰	爱丽丝	第二章　第一个周末——学会爱和表达爱	
		第四章　第二个周末——孩子和父母	
		第六章　第三个周末——为什么要有家	
		第八章　第四个周末——什么是幸福的家庭	

米兰和其他人聊天内容梳理

主人公	聊天对象	章节	话题
米兰	彼得老师	第七章　那个滚来滚去的鸡蛋	
	米兰	第五章　妈妈的秘密	
	托马斯	第七章　那个滚来滚去的鸡蛋	

③回顾书中提及的文化知识与生活理念。

师：同学们，不要小看这一本书哟，里面涉及的内容可真不少。下面，我们来玩一个猜一猜的游戏，看看图片或文字，来猜猜他们聊的是什么。

（依次出示“马斯洛需要层次理论”“纪伯伦的诗《弓与箭》”“诺亚方舟”等内容，让学生联系整本书，回想诗歌、画作等题目。）

【评析】如何将蕴藏在“聊天”之中的文化知识与生活思想都一一披沥出来？教者预设了两个环节，“课前广泛梳理”是对整本书文化内涵的全盘观照，“课内猜想回顾”是对重要文化知识的集中关注。

（3）聚焦“聊天”的智慧。

①聚焦对话中的矛盾冲突。

师：就像刚才这位同学所说的，这本书的聊天充满了智慧。下面，我们一起来仔细品悟一段。

（出示：托马斯与米兰对话，从“米兰把手里的画册轻轻放回桌子上”到“不一定是一个幸福的家庭”，仔细默读，找出最能体现他们矛盾冲突的内容，画下来。）

（教师根据学生的回答出示以下一组对话：

托马斯突然很认真：“米兰，你别想着要保卫什么。追求幸福，是每一个人的权利。”

米兰也很认真地说："我也是在保护自己的权利。你应该知道，一个人有保护自己幸福的权利。"）

师：分角色读一读。男生读托马斯的话，女生读米兰的话。

（学生分角色朗读）

②再现书中人物的选择。

引导学生分别围绕下列三个问题展开交流："追求幸福，是每一个人的权利"，小说中妈妈是怎么做的？"一个人有保护自己幸福的权利"，小说中米兰是怎么做的？借用马斯洛的需要层次理论，妈妈和米兰有什么样的需要？

③思辨人物行动的权利。

师：妈妈这样做可以吗？米兰这样做可以吗？为什么？同桌间互相讨论。

（指名交流，根据学生回答出示书中内容）

（出示以下内容：

米兰，对你这个年龄来说，安全就意味着有一个完整的家，爸爸妈妈永远在你的身边，满足你的一切需要。对你妈妈来说，安全的需要也可能意味着婚姻的稳固。而对你爸爸来说，安全的需要也可能就是工作和收入有保障。只有这样，他才能让你们衣食无忧。

——第八章　第四个周末——什么是幸福的家庭）

师：如果从小说人物自身的角度出发，这些观点都具有合理性。但是，究竟什么是真正的"追求幸福"？什么是有益的"保护幸福"？今天的我们理解起来可能有一定的难度。但是，我们应该记住这本书带给我们的启发。一起来读一读作者在代后记中的一段话。

（出示以下内容：

马斯洛认为一个幸福的家庭是由很多个层次堆积起来的，物质需求、安全需求、情感需求、尊重需求和自我实现的需求。只有一个家庭的每一个成员都实现了这样的需求，才能算是一个幸福的家庭。他为人类设计了一座很高很美的金字塔，需要我们共同去攀登。

——程玮《让我们去攀登金字塔（代后记）》）

【评析】整本书阅读交流如何真正走向深入？有价值的话题是有讨论必要的。教者抓住了书中最能突显中西文化差异的一组对话来切入教学，采用“管中窥豹”的方式，借助书本内容梳理、思辨人物选择、人文主题观照等方式带领学生去感悟这本书的意蕴。

（4）迁移“聊天”的实践。

师：课前，老师也调查了很多同学在家庭生活中的苦恼，请你选择一条，试着用阅读《会跳舞的小星星》得到的收获，帮这位同学出出主意。同桌间互相讨论。

（出示：A同学的父母经常吵架，A感到很伤心；B同学的父亲晚上经常加班，不能帮助她学习，为此，她感到伤心；C同学想买一只宠物狗，但是妈妈经常以各种理由拒绝，为此，C感到苦恼；D同学的妈妈经常觉得D说的想法都是错的，不能耐心听D把话讲完，为此，D感到烦恼；E同学今年十二岁了，但他的家人经常帮E做这做那，为此，E感到烦心。）

（学生自主选择、讨论，选择感兴趣的话题集体分享）

【评析】阅读是要生成智慧的，这份智慧究竟能不能生根，还需要到生活的现实中去检验。教师非常有心地在课前调查了学生在日常生活中的苦恼，并整合成话题，让学生在书的引领下去观察并思考生活，这样就让阅读拥有了真实的生活意义。

（5）展现“聊天”的多样。

师：今天，我们聚焦这本书的“对话”进行了交流。其实，这本书中，还有很多内容都值得我们来研究。你还想研究哪些话题呢？

（预设：①我想研究爱丽丝究竟是不是真的存在？因为书中说，好像她又不存在。②我想围绕马斯洛的需要层次理论，好好研究下我家里每个人的不同需要。③“聊天”有什么样的艺术？④为什么会有家庭呢？⑤我想调查人们的幸福感。）

师：课后，大家可以围绕《会跳舞的小星星》，自己确定一个小课题，寻找志同道合的同学，共同展开研究，完成一份小小的研究报告；也可以找来“周末与爱丽丝聊天”的其他书，读一读。

【评析】一本书就是一个丰富的世界，它需要我们探究的话题往往是多维的。阅读交流课，因为某些时空的局限，我们暂时只能“取一瓢饮”。作为阅读的辅导者，虽然我们不可能在课堂上倾其所有，但有必要引导学生发现整本书意义的多元。

评析：南京市琅琊路小学　周益民

经验型分享：从科普知识走向人生智慧

——《人类起源的演化过程》阅读交流实录与评析

1. 整本书解读

这本书由“爷爷的爷爷哪里来”和“悠长的岁月”两部分组成。第一部分系统地介绍了“人类起源”的科学启蒙、北京人头盖骨化石的发掘等内容。为了将整个过程与知识介绍得比较完备、详尽，作者用上了多种说明方法，比如说列数据、举例子、列图表、作比较等。为了便于在阅读的过程中将相关过程与知识梳理清楚，可以采用导图、列表等方式。下面主要谈谈对“悠长的岁月”这一部分内容的赏析。

“悠长的岁月”描绘了作者从事考古工作的一生，可以看成是人物传记。此部分内容正好也是对“爷爷的爷爷哪里来”的有效补充。不过，两部分内容的阅读体验是不一样的，“悠长的岁月”更能让人体会到作者浸润在字里行间的各种情感，既有对人生引路者的感恩之情，也有对考古学的热爱之情，还有对青年科学家的期许之情。

要想深刻体悟这种情感，让我们先来了解下作者。贾兰坡，河北省玉田县人，考古学、第四纪地质学家、中国科学院院士、美国国家科学院外籍院士、第三世界科学院院士、中国科学院古脊椎动物与古人类研究所研究员。1936 年 11 月 15 日至 26 日，贾兰坡在 11 天之内发现了三具“北京人”头盖骨而再次震惊国内外学术界，这是继裴文中 1929 年在周口店发现第一个北京猿人头盖骨之后又一次伟大的发现。贾兰坡对第四纪地质、古脊椎动物、古人类和考古等方面都有很多研究，在旧石器的考古方面，成绩最为显著。

/执教《人类起源的演化过程》

（1）作品中始终有一颗对他人的感恩之心。

贾兰坡究竟是如何从一个高中毕业生成长为杰出的考古学家的呢？一方面当然是因为他自身的勤奋努力，另一方面是与他所遇到的人对他的帮助分不开的。书中，作者用大量笔墨记录了别人对他的帮助以及他对别人的感激之情。

如《初到周口店》一章中有这样的描述：

对于挖掘，我最有兴趣。开始时我什么都不懂，挖出了化石就向工人请教。他们会告诉我：这是羊的，这是猪的，那块是鹿的。认识的化石越多，就越觉得发掘工作有意思。跟着专家学者在山上到处跑，查看地质，累是累，但时间一长，从他们那里也学到了很多地质方面的知识。

特别是卞美年，他一有闲暇，就带着我在龙骨山周围看地质，不但给我讲解地质构造和地层，还教我如何绘制剖面图。他待我非常友好，我对他也非常尊敬，我们成了挚友。现在他虽在美国定居，我们还经常通信。我到美国访问，第一件事就是去看望他，我总把他看作启蒙老师。裴文中对我和卞美年不懂的地方，也耐心赐教，从不拿架子。我不但敬佩他，也越来越喜欢向他请教。我从他那里也学到了很多的东西。

再如《流逝的岁月留下了什么》这一章中，他是这么说的：

我一进地质调查所就能在一些国内外著名学者像步达生、魏敦瑞、德日进、杨钟健、裴文中等人手下工作，还遇到了像翁文灏这样的领导。我的地位当时虽然很低，但他们从来没有看不起我，他们还手把手地教我。他们为了培养我，不但叫我去北大地质系进修，还要我到协和医学院解剖科正式学习全部课程，平时对我的要求也很严格。我做得不好，他们就不客气地批评；但我工作有点成绩，他们又及时给予鼓励。

这本书是贾兰坡晚年写就的，他之所以能够将这一幕幕写得清清楚楚、明明白白，可见在作者的内心深处，他一直惦念、感激着这些人生的“领路人”。作者用自己一生的经历告诉我们：拥有感恩的心，是做人的根本。正因为拥有了感恩的心，我们才能够收获人生的豁达与明亮，也才能走出一条属于自己的人生道路。

（2）作品中始终有一颗对科学的热爱之心。

贾兰坡从事考古工作，似乎是出于偶然。1931年，中国地质调查所正在招考练习生，贾兰坡“不承想”“以优异的成绩被录取了”。在贾兰坡从事考古工作的70年中，尽管遇到了重重困难，但是他刻苦努力，始终不言放弃，将工作做成了伟大的事业。

面对当时薄弱的古人类学基础，他如饥似渴地学习。当时，古人类学在中国刚刚起步，“国内连一本哺乳动物的教科书也没有”，大家只能“边干边学”。当得到一本英文版的《哺乳动物骨骼入门》，大家就轮流看，贾兰坡“英文底子就不好，再加上书中专用名词太多”，所以他“边读边向裴文中、卞美年请教”，“书读起来很费力，开始每天只能读半页、一页，有些名词要死记硬背”，但是“功夫不负有心人”，最终还是将这本书“啃”完了。

面对战争带来的干扰，他能够基于本专业寻找新的方向。1939年的春天，因为日军侵略，新生代研究室暂时没有什么重要事可干，贾兰坡又在魏敦瑞的帮助下，到协和医院学习人体解剖学、神经学等课程。贾兰坡认为“这是一次非常难得的学习机会。从入学第一天起，我总是早来晚走。早晨一到医学院，换上白大褂就一头扎进了解剖室”，“尽管这样，我还是一丝不苟，甚至我比其他学员观察得更仔细。在我的白大褂的兜内经常装着人手腕的骨骼，没事我就摸摸，分辨是哪块骨骼，猜对了就放到另一侧的兜里，错了就重新摸”。

到了晚年，他仍然坚持奋斗在考古的一线。1974 年 7 月下旬，贾兰坡已经 66 岁，但为了寻找旧石器，特别是想搞明细石器的分布，仍然和谢骏义、卫奇两位先生到内蒙古、山西、宁夏、甘肃等地进行了一次长途旅行。他为自己“能为本门科学奋斗不息而感到满意”。

……

我们不妨还原下这些语段背后的场景，这是一股多么令人敬佩的钻研劲头啊！正如贾兰坡自己所说的那样“前人曾教导我，搞好这门科学要‘三勤’，即‘口勤、手勤、脚勤’。前人的教导虽然只有六个字，我却深刻地感受到它对我的成长成才带来了莫大的教益”。正是因为坚持 70 年如一日，贾兰坡才慢慢一步步攀登上古人类学的高峰。

（3）作品中始终有一颗对科学的严谨之心。

对待科学事业，贾兰坡一向讲究实事求是，有时敢于承认自己的错误，有时为了坚持真理甚至与自己的导师争鸣。

书中曾记载了他和裴文中争论的故事。“关于中国猿人产地石器的性质和中国猿人是否是最早的人这个问题的讨论就长达一年之久。”从对争鸣过程的记载来看，两人唇枪舌剑，你来我往，慷慨激烈，从中可以看出贾兰坡对待科学工作严谨与规范的态度。他时时处处考虑的都是科学事业的发展，他认为“虽没得出最终的结果，但这场争鸣对我们是一次大促进，它给我们搞这门学科的研究带来了极大的动力”。

对待科学事业为什么会如此严谨？这代表了贾兰坡的一颗初心。他认为“人的头脑要围着事实转，不能叫事实围着自己的头脑转。对的就要坚持，不管你是外国的权威，还是中国的权威。错了就要改，不改则误人误己”。

当然，在作品中还有许多其他情感，作为科学前辈，贾兰坡对青年怀有美好的期许。书中，有多处描写了他对青年一代的殷殷期望。“我现在眼、口、手、脚都快不听使唤了，我想奉献的光和热就是要把青年人培养成才，希望他们接好我们这一代人的班，在新世纪里挑大梁，超过我们，做出的工作比我们更有成绩。”

整本书中，“爷爷的爷爷哪里来”充满了科学性与知识性，“悠长的岁月”充满了故事性与过程性，两者正好形成有益补充。两部分内容可以相互参照着读，如果对阅读“爷爷的爷爷哪里来”感到有困难的，可以先翻个大概，然后再阅读“悠长的岁月”，借助“悠长的岁月”来增加对“爷爷的爷爷哪里来”一部分内容的理解。

2. 交流实录与评析

【交流目标】

(1) 借助知识摘录卡梳理整本书中与人类起源有关的知识，选取部分知识，利用思维导图，大致说一说人类起源的演化过程。

(2) 借助人物年谱梳理贾兰坡爷爷的人生经历，体悟科学家精神，着重研究、感悟贾兰坡爷爷的治学精神。

【教学重难点】

能够选取部分知识，借助思维导图，大致说一说人类起源的演化过程；着重研究、感悟贾兰坡爷爷的治学精神。

【教学准备】

导读活动之后，学生借助“知识摘录卡”搜集书中出现的与人类起源相关的知识，借助“人物年谱”梳理贾兰坡人生经历。

【教学过程】

(1) 围绕基本问题，介绍本书。

师：同学们，最近我们一起共读了一本书——《人类起源的演化过程》。这本书是小学语文教材四年级下册第二单元“快乐读书吧”“相信你可以读更多”中推荐的书目。我们经过了导读活动，自主阅读和阅读跟进，现在到了阅读交流这一环节。下面先来考一考大家，你能围绕这三个问题再向大家介绍这本书吗？

（出示：①《人类起源的演化过程》还有一个名字，叫什么？②这本书的作者是谁？他是做什么的？③这本书分为哪几部分？分别写了什么内容?）

生：《人类起源的演化过程》还有一个名字，叫《爷爷的爷爷哪里来》。这本书的作者叫贾兰坡，他是考古学、第四纪地质学家。这本书可以分为两部分，第一部分是“爷爷的爷爷哪里来”，主要介绍了人类进化演变的相关知识；第二部分是“悠长的岁月”，主要介绍了贾兰坡爷爷从事古人类学工作的经历。

师：同学们，抓住一本书的名称、作者、主要内容等，我们可以把握住这本书的基本信息。

【评析】教师借助三组问题，帮学生回顾对《人类起源的演化过程》这本书的整体印象，教学切入既符合认知规律，又相当巧妙。

（2）借助知识卡片，梳理人类起源的相关知识。

师：刚才听同学们介绍，这本书分为两部分，一部分是——

生：“爷爷的爷爷哪里来”。

师：另一部分是——

生：“悠长的岁月”。

师：你们想先交流哪一部分？

生1：我想先交流“悠长的岁月”，因为这部分写的是人物故事。

生2：我想先交流“爷爷的爷爷哪里来”这部分，因为这部分写了很多科学知识。

师：同学们，科普读物和人物故事各有特点，我们之所以感到“爷爷的爷爷哪里来”这一部分读起来比较难，是因为我们平时所读到的关于人类学的知识比较少。今天我们来挑战下，先从科普部分开始交流，好吗？

生：好！

师：为了帮大家梳理“爷爷的爷爷哪里来”中的人类学知识，在阅读过程中，我们借助了一个阅读小工具，是什么？

生：知识卡片。

师：为了帮大家更好地处理这些知识，我们还对知识卡片进行了升级，分为了两种卡片，一种是列举式，还有一种是注解式。

（出示以下知识卡片）

“人类起源的演化过程”知识卡片（列举式）

知识名称：________________

____

____

____

____

制作：________

“人类起源的演化过程”知识摘录卡（注解式）

知识名称：________________

内容解释：________________

____

____

____

制作：________

师：请看，这是大家的作品。来，拿出你的列举式摘录卡，数一数，你搜集了多少条关于人类起源的知识？（出示：学生在阅读过程中所完成的知识摘录卡）

（学生汇报数目）

师：下面我们用开火车的方式，一人说一条，不要重复，再来重温这些人类起源的知识。

（学生开火车说）

师：课前，老师也进行了不完全梳理——［出示：生物进化论（达尔文），人猿同祖论（赫胥黎），巨石文化，贝丘，石器时代，青铜时代，铁器时代，尼安德特人（尼人），克罗马农人，爪哇直立人，古生代，元古代，前震旦纪，震旦纪，古生代，寒武纪，奥陶纪，志留纪，泥盆纪，石炭纪，二叠纪，中生代，三叠纪，侏罗纪，白垩纪，新生代，第三纪，第四纪，古新世，始新世，渐新世，中新世，上新世，更新世，全新世，最古老的灵长类，较为高等的灵长类，原上新猿，埃及猿，高等灵长类，森林古猿，拉玛古猿，西瓦古猿，非洲南猿，南猿阿法种（露西少女），南猿鲍氏种，奥杜威工具，能人，直立人，中国猿人（北京猿人），蓝田猿人，元谋人，智人，山顶洞人，旧石器时代，新石器时代，细石器……］我们今天交流的这本书的名字叫《人类起源的演化过程》，你能用这些知识说一说人类起源的过程吗？

（教师随机采访了几个学生，觉得有困难）

师：先给大家提供一个帮助：我们来缩小知识的范围，选择较为重要的人类起源知识，自己读一读。（出示：北京人、南猿阿法种、蓝田人、直立人、山顶洞人、早期智人、非洲南猿、拉玛古猿、最古老的灵长类、较为高级的灵长类、高等灵长类、森林古猿、西瓦古猿、能人、元谋人、

晚期智人、尼安德特人）

（学生读）

师：再为大家提供一个工具（出示：思维导图）。请你把上面这些关于人类起源的知识填入相应的时间节点内，同桌互相合作，比一比哪一组同桌完成得最快。

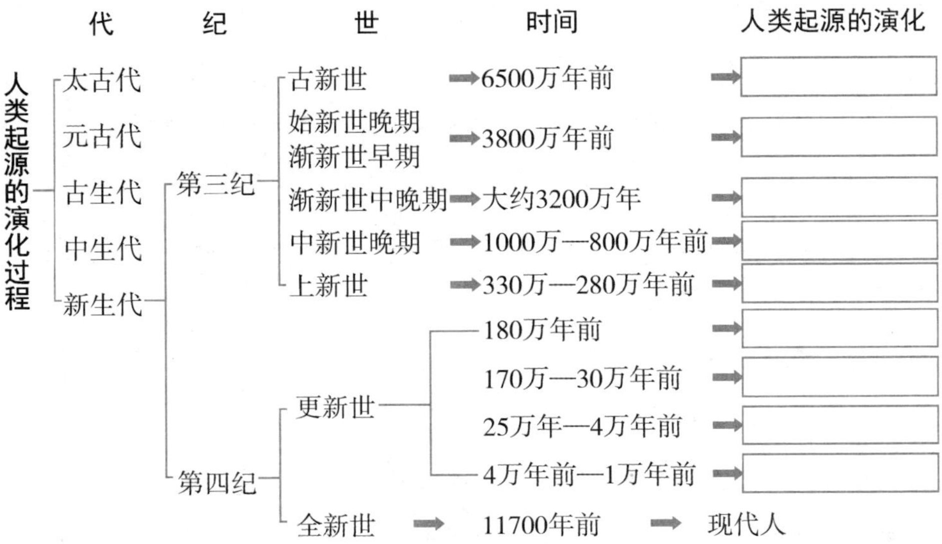

（学生练习）

【评析】在钱伯斯的阅读循环圈中，有协助能力的大人一直处于中心环节。在整本书阅读交流中，教师的协助作用该如何体现？就是要在学生遇到困难的地方及时施以援手、搭建支架，让学生借助有效支架去解决自己的阅读难题。

师：有没有哪位同学愿意围绕这张导图介绍下人类起源的演化过程？

（学生介绍）

师：人类起源的演化过程大致会说了，下面想再采访大家四组问题，自己读一读。（出示：①人类是从什么时候开始出现和进化的？②人与猿真正的区别是什么？③“能人、直立人、智人”是“能人”消失了才出现“直立人”，“直立人”消失了才出现“智人”吗？还是“能人”“直立人”“智人”可能同时并存？为什么？④第一个北京猿人头盖骨化石是谁在哪一年的什么地方发现的？北京人头盖骨化石的发现具有什么意义？）

生 1：我想回答第 2 题，人与猿的真正区别是能不能制造工具。

生 2：我想回答第 1 题，人类是从第四纪开始出现和进化的。

生 3：我想回答第 3 题，“能人”“直立人”“智人”可能同时并存，因为贾兰坡爷爷说在人类进化的过程中可能“先进的与落后的同时并存”。

生 4：我想回答第 4 题，第一个北京猿人头盖骨化石是裴文中 1929 年在北京周口店发掘出来的；在人类起源整个过程中，人们最初对“直立人”的全面认识，主要来自北京人的发现及其文化的研究。

师：同学们，科普读物中的科学知识只有试着用一用，这些知识才会“活”起来。同学们，贾兰坡爷爷提醒我们，到目前为止，人类起源的时间、人类起源的地点、人类在演化过程中先进与落后的重叠现象这三大课题还没有一个满意的答案。所以，我们要想了解更多的关于人类学知识，还需要以这本书为引子，去读更多的书。

【评析】阅读科普读物，我们经常会让学生梳理科普知识。但是，梳理之后这些知识究竟该怎么“处理”？本教学片段体现了一个很好的“运用思想”。教师创设了一个话题情境，让学生借助思维导图，运用部分知识简要介绍人类起源的演化过程。让原先有陌生感、距离感的科学知识在运用中慢慢变得亲切、活泼。

（3）借助人物年谱，感悟人物精神。

师：下面，我们来交流“悠长的岁月”这部分内容，来走进贾兰坡爷爷为古人类学、考古等孜孜以求的一生。阅读这部分内容的时候，我们也借助了一个小工具——还记得是什么吗?

生：小组合作编人物年谱。

师：为人物编年谱有什么好处?(出示学生合作完成的人物年谱)

生：可以把握人物的一生，快速搜集人物信息。

师：好，下面我们就来用一用这份人物年谱。参考人物年谱，理一理，贾兰坡爷爷有哪些贡献和成就?

(学生交流)

师：同学们，我们再来理一理，一起读——

(分段出示以下内容：

贾兰坡爷爷参加、主持、指导了周口店、丁村河、蓝田、许家窑、萨拉乌苏、水洞沟和泥河湾等一系列重要的旧石器时代遗址的发掘和研究工作，获得重要发现，研究成果受到国内外学术界高度重视。

1936年11月，贾兰坡爷爷在北京周口店发掘时，发现了三具头盖骨、一个下颌骨和三枚牙齿的化石。

快90岁时，贾兰坡爷爷一共写了456篇文章，还有大小共20册书。

贾兰坡爷爷1980年当选为中国科学院院士，1994年当选为美国科学院外籍院士，1995年当选为第三世界科学院院士。

一生诲人不倦，为国家培养了一大批考古人才……)

师：多么令人惊叹与钦佩的成就！可是，贾兰坡爷爷说——(齐读)

(出示以下内容：

我没有上过大学，也没到国外留过学，我是从一个什么都不懂的小伙计，一步一步攀登上来的。我是从石头缝中走过来的人。

——《流逝的岁月留下了什么》)

师：没有大学文凭却攀登上了科学殿堂顶端，贾兰坡爷爷靠的是什么？课前，我们以小组为单位进行了研究。

（出示贾兰坡爷爷“贡献和成就的原因分析”小组合作探究表）

贾兰坡贡献和成就的原因分析

姓名	贡献和成就（摘录或概括均可）	出自哪一章节	页码	原因分析
贾兰坡				

师：哪一小组来分享下你们的研究成果？

（学生交流）

师：有没有不同的发现？直接说说你的发现——

（学生交流）

师：同学们，你们刚才说的感恩之心、热爱工作、勤奋好学、谦虚等，这些都是贾兰坡爷爷的——

生：品质、精神……

师：同学们，习近平爷爷告诉我们，科学成就离不开精神支撑。科学家精神是科技工作者在长期科学实践中积累的宝贵精神财富。科学家精神有哪些具体内涵呢？

师：让我们一起来读一读。（出示：热爱祖国　服务人民　永攀高峰　敢为人先　追求真理　严谨治学　淡泊名利　潜心研究　集智攻关　团结协作　甘为人梯　奖掖后学）

（学生读）

师：同学们，科学家的每一种精神都值得我们深入体会。今天，我们就来重点研究贾兰坡爷爷的“治学”精神。谁能和老师一起来完成这份思维导图？

（教师板书“治学”，并从四个角度标上“目标”“态度”“方法”“过程”，学生分别在“态度”旁写上勤恳、热爱等，在“方法”旁写上“四条腿走路”“滚雪球”等，在“过程”旁写上“抓紧时间”等。具体见板书设计。）

师：难怪贾兰坡爷爷能够取得那么大的成果，你们看看他的治学体系！这对你自己的学习有什么启发？

生 1：我也要向贾兰坡爷爷学习，一生追求一个崇高的目标。

生 2：我也要向贾兰坡爷爷学习，向别人学习优秀的学习方法。

师：下面再来考考大家，下面这几条关于治学的格言，会说吗？

（出示：搞学问就像滚雪球，____________________。）

生：搞学问就像滚雪球，越滚越大，不滚就化。

【评析】科普读物的阅读不能仅仅限于科普知识的获得，我们更应该学会去感悟科学家的精神。本教例中，教师以贾兰坡爷爷为例，探讨了他身上所蕴藏的科学家精神，并着重带领学生研究了贾兰坡爷爷的治学体系，为学生的学习提供了参考。此处，阅读真正实现了打开学生精神空间的目的。

（4）制订拓展阅读计划。

师：同学们，《人类起源的演变过程》这本书我也读了好几遍，每读一遍，我都觉得它是一个宝藏，你知道这个宝藏中埋藏着什么吗？

生1：这本书埋藏着人类起源的知识。

生2：这本书埋藏着贾兰坡爷爷的科学精神。

师：读完了这本书，你还想去读什么？

生1：我还想了解贾兰坡爷爷的相关故事。

生2：我还想了解一些关于古人类学的知识。

师：我们现在处于一个信息开放的时代，你们想阅读什么，都可以利用视频网站、搜索引擎、各类书店等找到自己想要了解的内容。

（出示：阅读了《人类起源的演化过程》一书，你还想了解哪些？为自己的后续阅读制订一份计划，与家长、老师商议后，按照自己的计划开展阅读。）

师：老师也制订了一份拓展阅读计划，和大家分享。

（出示《人类起源的演化过程》后续阅读计划：①观看由中央电视台纪录频道与法国M6电视台、德国ZDF电视台，以及加拿大探索频道联合制作的情景类历史纪录片《人类溯源》；②阅读《人类的起源》（理查德·利基著），与《人类起源的演化过程》相比较，帮助自己丰富人类起源的知识体系。）

【评析】读好这一本书的目的是读好下一本书。本节阅读交流课的结尾，教师注意引导学生将一本书向多个信息源拓展，将课内向课外延伸，注重打开学生的阅读世界。教师出示自己拟定的后续阅读计划，以身示范，用自己的阅读行动来推动学生的阅读。

【板书设计】

人类起源的演化过程

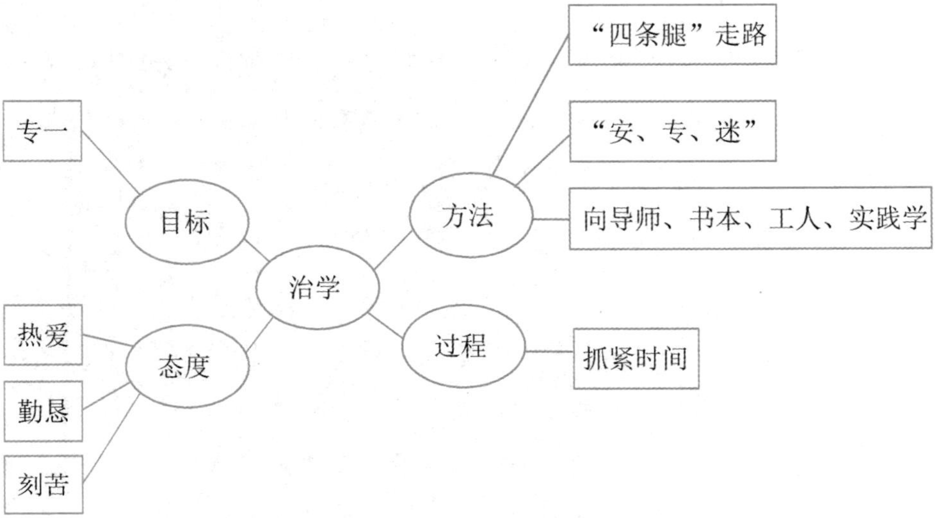

评析：南通市教育科学研究院　王爱华

第 三 章

课程视野下整本书阅读的评价

THREE

课程视野下整本书阅读评价到底该如何进行？我以为，不管持有哪种评价观念、采用何种评价方式，最为重要的是实现“以评促读”。所以，在评价的过程中，我关注的主要有以下三个层面：第一，关注学生阅读的真实状态。为了达成这一目的，我经常采用各种观察、问卷的方式。因为只有了解了学生整本书阅读的真正内在，教师的指导才能够落到实处。第二，关注课程体系的整体运作。学生的整本书阅读推进是一个系统的工程，评价时不能只评价学生，还要对学校、家庭、社区等各类支持系统进行评价。只有这样，才能全面、健康地推动学生阅读。第三，关注学生阅读素养的真正形成。评价的最终目标是培养智慧型读者。智慧型读者拥有明确的阅读目标，阅读兴趣持久，拥有具备个人风格的阅读策略体系，能有效监控自我阅读过程，能在阅读中发展自我、成长自我。

第一节　立体多元的评价方式

阅读素养形成具有多面性、内隐性、个体性、情境性、实践性等特征，因此整本书阅读评价需要关注整体性及过程性，将观察、检测、展示、评比等多种评价方式结合起来，这样才能把握其复杂的内在系统。下面来谈谈具体操作。

一、全视野观察

观察是整本书阅读评价的一种重要方式，我们可以通过观察发现学生整本书阅读的品质，其方式主要有以下几种：

1. 真性视野

真性视野即围绕整本书阅读过程中最为真实的问题对学生进行调查，以掌握学生阅读的真实状态。那么，我们可以就阅读过程中的哪些问题进行调研呢？我梳理了下，大致有如下话题：①读过的书，你还愿意再读吗？为什么？②你能保持每天阅读的习惯吗？为什么？③你愿意和别人分享你读过的书吗？为什么？④在阅读上，谁对你的影响最大呢？为什么？⑤你最喜欢哪一类书？为什么？⑥在阅读上，你还有什么样的困惑？请罗列。⑦你希望老师布置什么样的阅读作业呢？请举例说明。⑧你希望学校或班级举行什么样的阅读活动？请举例说明。⑨你平时花在数字阅读（刷短视频、看电子书等）上有多长时间呢？你是怎么看待数字阅读的？……

学生初读完《十万个为什么》，我对学生进行了调研，分为三个话题：①读了这本书，你有哪些收获？②阅读这本书，你有哪些困难？③你想得到哪些帮助？

学生初读《十万个为什么》的话题调研

调研话题	回答整理
读了这本书，你有哪些收获？	因为是科普书，所以知道了很多科学知识/观察、思考、探索才能获得乐趣/让读者“知其然知其所以然”/学到了很多写法，比如小标题、举例子等/生活点滴也能提出问题/在平时的生活中，我们要多问“为什么”，才能揭开其中的“谜底”……
阅读这本书，你有哪些困难？	文章长，总结比较难/有些事物离现代比较遥远，只根据文字描述很难想象其样子/知识面很广，有一些难以读懂的科学知识……
你想得到哪些帮助？	希望老师和同学能帮我解释原因/读了半天，我也没有理解水钟的原理以及其他钟内设置的原理/一些外国人的名字也很难记/语言密度大，看着是不相连的问题，一个接一个……

基于真性视野的阅读观察，在本书第四章第一节“调研读情”中有具体操作案例，此处就不再赘述。

2. 交互视野

交互视野即关注学生与阅读环境或活动之间的互动，以实现阅读环境或活动真正为学生阅读提供服务的功能。在课程视野下整本书阅读推进的过程中，我们一般都会创设很多阅读区域，提供阅读资源等。那么这些阅读环境到底有没有真正起到作用？这时就需要我们运用交互视野，观察这些阅读环境的真正使用情况。

我在南通市通州区家纺城小学工作期间，为了让学生更为便利地接触到新的书源，我在校园的多个角落添置了开放书箱。为了让这些书箱真正发挥作用，我从不同角度进行观察，不断调整书箱的使用方式、资源配置等，以充分发挥书箱的作用。在书箱刚开始使用的时候，为了便于记录，我在每个书箱中都放置了一本借阅记录手册。但是，我发现当借阅的学生有很多的时候，学生要填写借阅记录根本不现实。于是，我就将填写借阅记录这项要求取消了，只要求借阅时“初借可以直接拿一本，但后续借阅必须以一本换一本”。每次在整理书箱的时候，我又发现，学生借阅的习惯很不好，还书的时候，他们会将图书往书箱里随便一扔，不利于其他同学借阅，于是我又安排部分值勤员在书箱旁教学生如何还书。为了进一步提高书的流通率，我每周定期抽查一次书箱，一个月下来对总是留在书箱里的图书进行替换，用新书来提高学生的借阅兴趣……

3. 长线视野

长线视野即采用长线观察与记录的方式，及时把握项目的进行状态，以便适时调整。在推行“晨阅午读”的过程中，我每天用简录的方式向各班班主任反馈学生自主阅读的具体情况，以便班主任调整组织方式。下面摘录其中的一则记录和大家分享。

早晨，继续到三年级观察集体自读习惯的养成情况，发现问题主要有这样几个方面：

第一，干扰因素较多。干扰因素一多，对于已经形成阅读习惯的学生来说，几乎没什么影响，但对还没有形成阅读习惯的学生来说，应该说是“裹挟性”的，他们马上就被干扰因素带“跑”了。因此，在集体自读习惯形成的初期，应该将各种干扰因素降到最低。比如，早晨交作业，可以在教室外进行。

第二，习惯仍需静养。没有形成良好自主阅读习惯的学生，他们容易出现“空坐”的现象。“空坐”时间一长，无聊之后，他们还会积极“抱团”。这些学生需要有比较刻意的自主阅读训练，方式其实很简单，那就是让他们每天都进行半小时左右的自主阅读，不要有任何干扰，长此以往，阅读时会形成心流，也就是我们平时所说的“读进去”。刚开始时，产生阅读心流的时间或许短一些，但是，经常训练，产生阅读心流的时间会越来越长。所以，我们经常会发现，有良好自读习惯的学生，一拿到书，就能够“安静”地阅读，这是因为他们只要一进入阅读状态，心流就像条件反射一样形成了。

每个三年级教室我都走了两遍，对学生自主阅读现状进行了干预与调整，应该说，整体情况一天比一天要好。早晨各班的管理各有一些值得学习的地方：有两个班级在黑板上写上了“进教室后就拿课外书阅读”的提示语，建议可以让执勤员加上“表扬与提醒”，适当记录学生名单，班主任可以根据名单，对已经初步有阅读习惯的学生进行表扬，对还没有形成习惯的学生进行提醒；早晨进教室，如果光线暗的话，要形成主动开灯的意识和习惯；各班如果有自习课等，可以每天进行 30 分钟左右的自主阅读训练。

二、双取向评价

学生进行整本书阅读主要有两种方式：一是集体共读，二是自主阅读。为了深入了解每位学生整本书阅读品质，我们可以推行双取向评价的方式。

1. 集体共读的阶段性评价

评价量表是考量学生整本书共读效果的常用方式。评价量表的设计需要关注两个层面：考量学生整本书阅读的品质，量表设计应以《义务教育语文课程标准（2022年版）》中“命题要求”的相关规定为参考。目前，主要有两种形式，一种是将整本书阅读纳入平时的语文阶段测试当中，另一种是专门对整本书阅读情况进行检测。

整本书阅读素养的检测题型各有不同，下面列举几种题型：

（1）内容考查型。

①下面的片段出自安徒生童话的哪部作品？选择正确的答案填空（填序号）。（三年级）

a. 可怜的小姑娘！她又饿又冻地向前走，简直是一幅愁苦的画面。雪花落到她金黄的长头发上——它卷曲地铺散在她的肩上，看起来非常美丽。（　　）

b. 他在这清澈的水上看到了自己的倒影。但那不再是一只粗笨的、深灰色的、又丑又令人讨厌的鸭子，而是——一只天鹅！只要你曾经在一只天鹅蛋里待过，就算你生在养鸭场里也没有什么关系。（　　）

c. 当风暴快要到来，她们认为有些船只快要出事的时候，她们就浮到这些船的面前，唱起非常美丽的歌来，说海底下是多么可爱，同时告诉这些水手不要害怕沉到海底。（　　）

——摘自叶君健译《安徒生童话》

A.《野天鹅》　　B《丑小鸭》

C.《海的女儿》　　D.《卖火柴的小女孩》

②“班级童话故事分享会”即将拉开序幕，让我们积极参与进来吧！（三年级）

a. 我为我所在的故事小组起了一个响亮的名字：________。

b. 我推荐咱们小组讲的故事是《__________》，推荐理由：____

____。

c. 有一个小组准备讲《拔河马比赛》，我猜这个故事可能会写：____

____。

③阏伯盗火是《中国神话故事》中记载的一个神话传说，下面这段话为故事节选。（四年级）

> a. 传说，阏伯盗火的事情，很快被天神发现。b. 为了夺回火种，天神向人间降了一场大洪水。c. 暴雨倾盆，河水猛涨，滚滚而来的洪水吞没了田野和村庄。d. 人类措手不及，许多生命和火种一同消失在洪水中。e. 洪水消退之后，人们来到祭台，发现宝贵的火种还在。但阏伯却永远闭上了双眼。

慧慧同学阅读这个故事时漏掉了下面这句话，你觉得将它插入到语段中哪个位置最合适？（　　）

阏伯让百姓都去逃难，自己则留在祭祀的高台上，看护最后的火种。

A. a—b 之间　　　　B. b—c 之间

C. c—d 之间　　　　D. d—e 之间

④《中国神话故事》这本书中一定有许多神话人物给你留下深刻的印象。照样子，选择自己印象最深的一位（神农氏、阏伯除外），把表格填写完整。（四年级）

人物	印象	具体事例
女娲	智慧能干、甘于奉献	远古时代，天塌地陷。女娲不忍生灵受灾，从各地拣来五色石熔炼，把天空补好。天地间恢复了平静，人类获得新生。

⑤读民间故事，我积累了很多诗词和歇后语。请图文对应选一选。

（　　）

（　　）

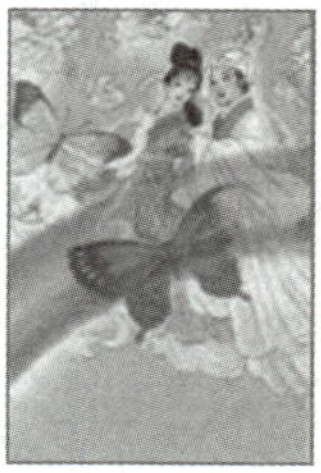
（　　）

A. 蛱蝶成化衣，双飞绕青山

B. 张果老骑驴看唱本——走着瞧

C. 弯弓征战作男儿，梦里曾经与画眉

⑥下列说法不正确的一项是（　　）。（五年级）

A. 民间故事一般有固定的类型和重复的段落。

B. 民间故事是中国特有的优秀传统文化。

C. 民间故事寄托着人们朴素的愿望。

D. 民间故事是通过口耳相传的方式代代流传下来的。

（2）形象体会型。

①在《安徒生童话》这本书里，我认识了________的丑小鸭，

______的锡兵，______的艾丽莎，还有______的卖火柴的小女孩。（三年级）

A. 孤单无助、冻死街头　　B. 克服困难、救出哥哥

C. 勇敢坚定、化作锡心　　D. 历经磨难、长成天鹅

②将中国神话之“‘造福于民’光荣榜”补充完整。（四年级）

“造福于民”光荣榜	
人物	上榜理由
炎　帝	
燧人氏	
仓　颉	

③本学期你一定阅读了很多书籍或观看了不少影视作品。你最喜欢其中的哪个人物？照样子写一写。（五年级）

人物	出处	喜欢的理由
哪吒	动画片《哪吒闹海》	a. 年纪小但武功高强，能变出三头六臂。脚踩风火轮，身披混天绫，好威武。 b. 见义勇为，敢作敢当。他救下了被龙王欺负的老百姓。
______	______	a. ______ b. ______

④心兰书社正在举办“品名著人物形象”活动。除了《鲁滨逊漂流记》，本学期我们还读过很多世界名著，如《汤姆·索亚历险记》《尼尔斯骑鹅旅行记》等。哪个角色深深吸引了你？请选择一个角色，仿照例子，给角色设计微信名和个性签名，并说明理由。（六年级）

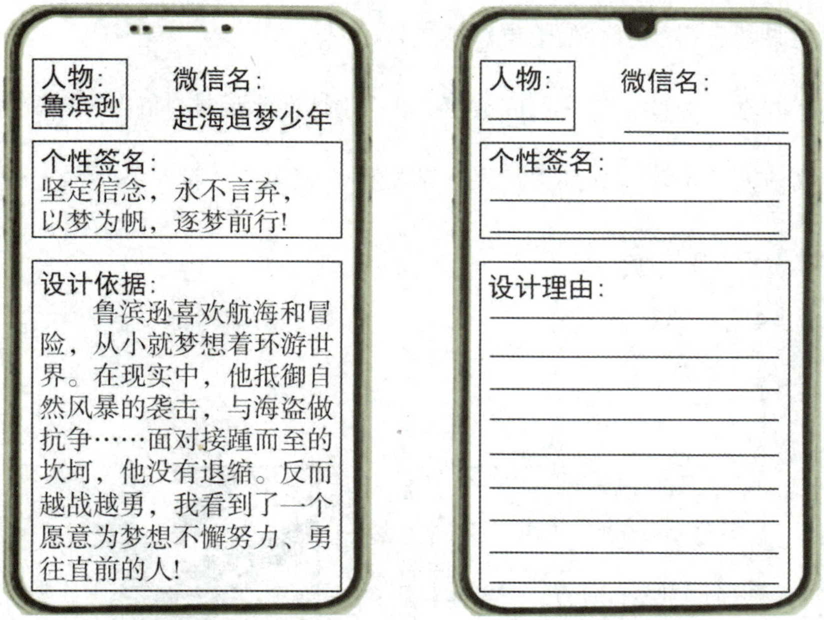

（3）策略运用型。

①阳光中队的同学在假期里举行了“民间故事会”，同学们交流了自己在阅读民间故事时提高阅读速度的方法，谁的发言不恰当？（　　）（五年级）

A. 读《猎人海力布》时，我集中注意力，连词成句地读，不回读，阅读速度果然快多了。

B. 看到“鲁班学艺”这个题目，我产生了疑问：“鲁班是怎么学艺的？”“鲁班最终学成功了吗？”带着问题读影响了我的阅读速度。

C. 不仅要读得快还要想得快，读《清不过包公》的时候，我一边读一边想：包公会不会被两个太监抓到把柄？抓住关键句，及时捕捉到了有用的信息，阅读速度提高了不少。

D. 我用上提高阅读速度的方法读完了整本《中国民间故事》，感觉自己现在眼睛看得快了，脑子也想得更快了。

②同学们阅读了许多民间故事，并用画情节图、绘插图、做阅读摘抄卡、摘他人评论等方式加以记录，请根据大家的阅读记录在括号里填入正确的序号。（五年级）

A.《三兄弟牵金牛》　　B.《梁山伯与祝英台》

C.《玉兔入月宫》　　D.《牛郎织女》

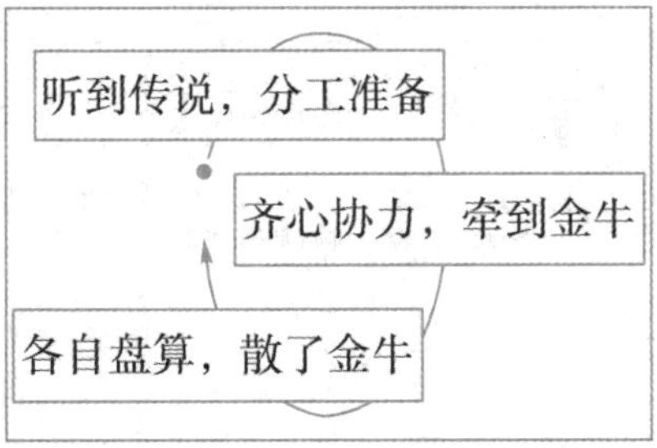

（　　）

（　　）

阅读摘抄卡

就因为这件事，每逢那一天，人们很少看见喜鹊，它们都往天河那儿搭桥去了。还有人说，那一天夜里，要是在葡萄架下边静静地听着，还可以听见亲亲密密的悄悄话呢！

（　　）

作为东方的“罗密欧与朱丽叶”，有着独特的中国式浪漫！

（　　）

③下面哪条小贴士不能帮助大家讲好这些民间故事（　　）。（五年级）

A. 可以大胆想象，为故事增加合理的情节

B. 可以变换情节顺序，先讲故事中最吸引人的地方

C. 讲故事时适当地添加动作表情，让听众有身临其境的感觉

D. 尽量要原汁原味地讲述故事，不能随意搞小创作

④民间故事总是寄托着人们美好、朴素的愿望。你也读了不少的民间故事吧？向大家推荐一个民间故事，并说一说故事寄托了人们什么愿望吧！（五年级）

____

⑤一天晚上，小明正在阅读课外书，但由于阅读速度太慢了，他非常苦恼。他打算发一条微信请教王老师，请你代为编辑聊天内容。（五年级）

小明：____

王老师：小明，____

____。（说出两种阅读方法）

小明：谢谢王老师，我一定会不断练习，努力做到眼睛看得快，脑子想得快。

（4）读写结合型。

①意大利神话之“超级演说家”。（四年级）

乌鸦和小猫让阿尔其岱丢失了别人送的金币，但他最后却过上了幸福的生活。近期，他将登上“超级演说家”的舞台，讲一讲“幸福取决于什么”，请你帮他写一写演讲稿。

幸福取决于什么

各位观众：

大家好！

我是来自意大利的阿尔其岱。有人告诉我金钱能带来幸福，有人说幸福要靠命运，这些都是重要的。不过，请相信我，最重要的是__________
____

感谢大家喜欢我的演讲，希望大家也能找到属于自己的幸福。

②故事大会。（五年级）

小玲：我参加了讲民间故事的比赛。我讲的是《白蛇传》，故事的开头是这样的："眼前，是一片美丽的西湖。"你能帮我把这个画面写具体吗？

小华：____________________
____

（5）综合理解型。

读完《鲁滨逊漂流记》，班级以"鲁滨逊荒岛生活大揭秘"为主题，开展阅读探究活动，并编辑一本探究小册。活动中，小明摘抄了如下 4 张资料卡片：（六年级）

资料一

我的目标总算实现了。不到一年半的时间，我已经养了十二只山羊了，有大的也有小的。

我现在不仅有羊肉吃，还有羊奶喝。这在当初我根本想都不敢想，这真是一件令人喜出望外的事情。

资料二

于是，我烤出了非常好吃的大麦面包，绝不比从世界上最好的炉子里烤出来的逊色……我发现四十蒲式耳的大麦和大米足够我吃一年的，于是我决定每年只播种同样数量的种子，这个数量足够我做面包用了。

资料三

我第一次开枪，打死了一只母羊，当时她正在给一只小羊喂奶，这使我心里非常难过……我把母羊放下，抱起小羊，进了木栏，打算把它驯养大。可是小羊就是不肯吃东西，我不得不把它也杀了吃掉。这两只山羊的肉，我吃了很长一段时间，我吃得很省，尽量节省粮食，尤其是面包。

资料四

但最令我感到安慰的是，我这样跑了五六趟之后,满以为船上已经没有什么值得我再去花力气了，却没想到我又找到了一大桶面包、三桶甘蔗酒、一箱砂糖和一桶精面粉。

①按照鲁滨逊在荒岛求生的经历，下列排序正确的一项是（　　）。

A. 资料四→资料一→资料二→资料三

B. 资料四→资料三→资料二→资料一

C. 资料四→资料二→资料三→资料一

D. 资料四→资料三→资料一→资料二

②将以上资料卡片编辑到一个栏目里，最适合做栏目标题的一项是（　　）。

A. 探险经历　　B. 食物变迁　　C. 美食专家　　D. 幸福生活

③请选择鲁滨逊在荒岛生活的另一个变化为探究方向，完成下面表格（资料内容简述即可）。

栏目标题 ＿＿＿＿＿＿	资料一：
	资料二：
	资料三：

④探究活动结束，探究小册的扉页应该写什么呢？请紧扣“变化”写下你的阅读感言。

＿＿＿＿＿＿＿＿＿＿＿＿＿＿＿＿＿＿＿＿＿＿＿＿＿＿＿＿＿＿

⑤据报道，18 岁少女艾莉莎将在 2033 年独自乘坐飞行器前往火星生活。请结合鲁滨逊的荒岛生活经历想一想，她可能面临的最大困难是什么？解决这一困难的办法是什么？

____

____

注重引导学生积极、健康、高尚的阅读品味。有时我们还可以采用游戏闯关、知识竞赛等趣味游艺的方式，检查学生整本书阅读效果。共读完《三国演义》之后，我组织了"'三国'游艺宫"活动，以"三国成语""三国歇后语""三国人物""三国名战"等为主题设置场景，让学生自主选择相应主题进行闯关游戏。

《三国演义》中共写了 1200 多个人物，其中有名有姓的将近 1000 人，确实是古代小说中描写人物最多的巨著。请选择其中你印象最深的人物，完成下列人物卡片。

"三国"人物

姓名		国家		身份	
人物故事					
品行					
本领					

《三国演义》写了上百场战争，可以分为陆战、水战，或水陆混合战，例如水淹七军；又可分为攻战、守战；或分为伏击战、偷袭战；或分为阵地战，游击战；或主将比试，或两军混战，形式多样化。请选择你印象最深的“三国”战争，写写你的研究发现。

“三国”战争研究

战争名称		时间		交战双方	
过程概述					
点评					

2. 自主阅读的反思性评价

自主阅读充满个性色彩，为了把握其复杂、丰富的内在，我们可以制作阅读反思单，引导学生从阅读方法、阅读习惯等方面开展自我评价和相互评价。阅读反思单可以针对一本书的阅读展开评价，例如：

《三国演义》自主阅读评价量表

<table>
<tr><th>项目</th><th>指标</th><th>自我评价</th></tr>
<tr><td>阅读收获</td><td>读了《三国演义》，你有哪些收获？请罗列</td><td></td></tr>
<tr><td rowspan="3">阅读态度</td><td colspan="2">兴趣：你觉得《三国演义》______。请在相应括号内打“√”（单选）
有趣（　　）　一般般（　　）　比较枯燥（　　）</td></tr>
<tr><td colspan="2">时长：阅读《三国演义》时，你每次的阅读时长在______。请在相应括号内打“√”（单选）
10 分钟以内（　　）　10—20 分钟（　　）　20 分钟以上（　　）</td></tr>
<tr><td colspan="2">动机：你每次阅读，都是______。请在相应括号内打“√”（单选）
一有时间你就会拿出书来读（　　）
为了完成作业才拿出来读（　　）</td></tr>
<tr><td>阅读策略</td><td colspan="2">以下古典名著的阅读方法你已经学会运用了吗？请在相应括号内打“√”（多选）
联系上下文猜测语句的意思（　　）
遇到一些难理解的语句，不用反复琢磨（　　）
借助资料（　　）
另外，你还用了哪些方法来读古典名著？请罗列</td></tr>
<tr><td>阅读困惑</td><td>阅读《三国演义》，你有哪些困惑？请罗列</td><td></td></tr>
<tr><td>对自己说</td><td>如果让你再读一遍《三国演义》，你准备怎样读呢？写一写自己的规划</td><td></td></tr>
</table>

有时，我们还可以组织学生对某阶段的自主阅读进行评价，量表设计如下：

学生自主阅读水平评价（高年级）

班级：＿＿＿＿＿＿　姓名：＿＿＿＿＿＿

自评项目：

①本学期，我（能　有时能有时不能　不能）（用“√”选出自己的阅读状态）坚持阅读，是因为＿＿＿＿＿＿＿＿＿＿＿＿＿＿＿＿＿＿＿＿

＿＿＿＿＿＿＿＿＿＿＿＿＿＿＿＿＿＿＿＿＿＿＿＿＿＿

②本学期，你读了哪些书？请将书名罗列出来。

序号	书名	序号	书名

本学期，我最大的收获是＿＿＿＿＿＿＿＿＿＿＿＿＿＿＿＿＿＿＿＿

③本学期，你运用得比较好的读书方法是什么？你还学到了哪些新的读书方法？

＿＿＿＿＿＿＿＿＿＿＿＿＿＿＿＿＿＿＿＿＿＿＿＿＿＿

④本学期，谁（人或地方）对你的阅读支持最大？为什么？

＿＿＿＿＿＿＿＿＿＿＿＿＿＿＿＿＿＿＿＿＿＿＿＿＿＿

⑤对于下学期的阅读，你是如何安排的？

＿＿＿＿＿＿＿＿＿＿＿＿＿＿＿＿＿＿＿＿＿＿＿＿＿＿

他评项目：

伙伴评价	教师评价	家长评价

不管是对一本书还是对一段时间的阅读进行自主评价，一般都会涉及阅读动力、成果、策略、支持、计划等不同层面，主要目的是引导学生能够围绕自己的阅读进行全方位的反思。

作为学生个人阅读档案的有机组成，“集体共读的阶段性评价”“自主阅读的反思性评价”能够从量化与质性两个角度描绘出学生阅读素养发展的现状。

三、多样态展示

作为评价的一种方式，多样态展示能让学生感受阅读兴趣激发、阅读榜样树立、阅读策略习得、阅读成就获得等。

从展示形态上可以分为静态展示、动态展示。静态展示主要是学生阅读成果的静态呈现，比如批注、摘抄、读后感征文等；动态展示主要是学生阅读活动的呈现，比如书本剧、个人阅读报告会等。从展示媒介上可以分为纸媒展示、电子展示。纸媒展示是以书面形式进行，电子展示是以电子作品为主。

学生阅读成果展示类别

低年级	读、写、绘	剧本表演	/	/	故事人物秀场	/	/	故事讲述（可以现场进行，也可以录制音频或视频展播）
中年级	读、写、绘	剧本表演	摘抄	批注	故事人物秀场	整本书思维导图绘制	/	故事讲述（可以现场进行，也可以录制音频或视频展播）
高年级	个人读书报告会	剧本表演	摘抄	批注	故事人物秀场	整本书思维导图绘制	读后感	故事讲述（可以现场进行，也可以录制音频或视频展播）

阅读成果展示需要组织学生对展示作品进行“再评价”和“再建构”。以“个人读书报告会”为例，活动结束可以邀请不同阅读层次的学生谈谈自己参加活动后的感受，让学生的阅读经验在交流中“再完善”“再发展”。

/儿童剧《青铜葵花》分享会

四、共建式参与

作为整本书阅读的共同参与者，教师、学生、家长、社区工作人员等亲历了整本书阅读的整个过程，他们也应根据活动进程，积极参与评价。他们可以从哪些阶段参与以及参加哪些评价呢？

1. 方案审议与修订

基于素养形成的整本书阅读方案至少需要考量以下两个方面：一是标准化，即是否基于《义务教育语文课程标准（2022 年版）》要求以及阅读素养形成目标；二是适切度，即是否符合学生阅读素养发展规律与实际。

2. 阶段评议与跟进

立足推进的关键阶段，邀请参与者参加问诊与评判，有利于及时调整整本书阅读的目标、内容、方法等，从而保证整本书阅读的高品质推进。

3. 活动总结与反思

活动结束，可以邀请共同参与者立足自身观察视野，对活动的结果进行评价，并根据活动的实际效果进行反思，为再次组织整本书阅读提供参考。

五、差异化评比

整本书阅读推进的过程中充满了各种差异，差异化评比可以提升评价的针对性。

针对班级、学校、家庭、社区等不同阅读场所，我们可以分区域开展各类整本书阅读评比，让学生都能获得认同感与成长感。比如，在班级可以根据学生日常阅读状态开展“阅读之星”评比，学校可以开展年度“最美读者”评比，社区可以围绕借阅量开展“借阅达人”评比等。

针对学生不同阅读水平，可以开展层级化评价，让处于不同阅读层次的学生都能够获得肯定和鼓励。为了帮助学生养成良好的阅读习惯，我组织开展了“阅读打卡＋”活动，分为“21 天”“42 天”“63 天”“84 天”等若干个阶段，分别用不同的星级来进行评价，如能坚持 21 天的，就评为“最美读书娃（一星级）”；能坚持 42 天的，就评为“最美读书娃（二星级）”等。

第二节　着眼发展的结果运用

评价结果的运用主要有两种方式，一是证明，二是改进。为了让评价结果更好地促进学生阅读素养的形成和发展，我们可以运用多种思维来分析、运用评价结果。

一、复杂性思维下的结果梳理

为了更全面、完备地评价整本书阅读的推进情况，我们需要借助不同的评价工具，对“各组成部分的样态、性能或职能、成效等的状况展开采集、整饬并同时给出一定的参考信息与资料”。因此，整本书阅读评价的结果往往会以不同的样态呈现，比如全视野观察会以“调查报告”“观察记录”等呈现结果，共建式参与会以“沙龙研讨”“问卷调查”等呈现结果。

面对复杂多元的评价结果，我们可以从以下几个层面进行整理：一是找对应，即将评价结果与评价目标相对应起来，用目标去解释结果的意义。二是来关联，即将属于同一目标的相关内容关联起来考量，以勾画出全景。三是再核减，即将重复出现的评价结果进行合并消减，以便提取关键信息。

二、发展性思维下的信息判断

整本书阅读的推进具有持续性，因此评价结果也需要立足长远规划来解读，并根据反馈适时调整推进的内容与方式。教师是学校整本书阅读的重要支撑，为了培育阅读教师，我专门打造了“乡村教师童书阅读工作坊”（下称“工作坊”）。下面是学校推进整本书阅读第二年对阅读教师队伍建设的评价反馈：

学校以工作坊为抓手培养阅读教师队伍，构建了“阅读教室共建制度”等运行机制，活动正常。阅读教师培养初见成效，已有四名教师在区级报刊发表阅读推广类文章、一名教师荣获区级“乡村阅读推广人”荣誉称号。下一阶段的课程推进，应考虑如何培养出更多优秀的阅读推广教师？如何吸引更多的教师主动加入阅读推广的队伍？

基于发展规划比照评判，我们发现工作坊建设基本达成第二年规划目标。

/乡村教师童书阅读工作坊成立

三、整体性思维下的实践改进

整本书阅读是一个完整的系统，因此我们应立足“全”视野运用评价结果来促进学生阅读。

1. 全程性

阅读环境、阅读活动、参与对象及阅读成果是整本书阅读的四项关键要素，它们以相辅相成的方式推进发展。因此，当我们对其中任何一个维度的关键要素展开评价时，都需要站在整体视野上进行解读与评判，这样才能整体推进课程的发展。

2. 全维性

为了便于操作，我们从“兴趣与毅力”“意识与监控”“策略与能力”“辅助与引领”等四个维度对阅读素养的形成进行评价，但任何维度目标的迟滞或落空，都会影响学生阅读素养的和谐发展。因此，我们需要着重关注那些尚未达成的维度目标，并据此来调整课程推进的内容与方式。

3. 全员性

所谓全员性，就是争取让每一位学生都能在自身的基础上有所发展和进步。为了让学生学会静心自主阅读，我推出了“晨阅午读”，推行了一段时间之后，发现问题的根源在于部分学生尚未养成良好的阅读习惯。于是学校专门推出了“约读教室”，配置了专业的阅读教师及丰富多样的书源约请这些学生前来阅读，有针对性地帮助这些学生养成良好的默读习惯。

综上所述，基于阅读素养形成的整本书阅读评价具有整体性、过程性、主体性、情境性、多元性等特点，因此在操作过程中，我们需要立体建构、系统推进，这样才能真正促进学生阅读。

第 四 章

打造一间朝向学生的阅读教室

FOUR

在班级推广整本书阅读，构建阅读教室是最为有效的方式。阅读教室是阅读辅导者（教师）以提升学生阅读素养、培育智慧型读者为目标，立足学生已有阅读基础，以教室为主阵地，预设学生阅读发展规划，配置阅读资源，开展环境布置，创设各种类型的语文实践活动，以推动整本书阅读的具体情境。作为一个动态运行系统，阅读教室拥有如下要素：

主体维度：阅读教室存在两大主体，一是教师，二是学生。作为阅读辅导者，教师是阅读的专家，必须对阅读资源配置、阅读策略教学、阅读活动组织等谙熟于心。作为参与主体，学生是阅读教室中语文实践活动的主要践行者，他们在阅读教室内集体共读或自主阅读、形成阅读共同体、开展自评与互评等。教师与学生以“协同共建”的方式影响着阅读教室的发展。

资源匹配：各类阅读资源（书籍、报刊等，有条件的教室还可以配上多媒体设备）是阅读教室的资源库。阅读资源的配置需要关注学生阅读层次的差异性，不同学科的共建性以及学生学习的综合性。因此，阅读资源体系必须是一个“全结构”，主要体现在两个层面：一是能为不同层次学生提供所需阅读资料，二是拥有不同学科不同领域的阅读内容。当然，我们也需要认识到，学生也是阅读资源的创生者，除了可以共同提供阅读资源外，他们的阅读行动、阅读成果等也是阅读教室的重要资源。

动态规划：阅读教室的规划以学生阅读素养提升、培育智慧型读者为目标，需要从书源配置、活动设计、阅读评价等多个维度展开。阅读教室的运行不是一成不变的，需要根据实际情况动态调整各项规划与操作策略，以期为学生阅读素养的形成提供最佳的阅读情境。以书源配置为例，当我们将书目配置到位后，不可能一劳永逸，需要定期根据学生的阅读情况对书目进行适时更新，以防止出现“阅读书目无法动态匹配学情变化”的现象，必须以“源头活水”的样态对学生形成阅读吸引与挑战。

环境布置：阅读教室是一种富有支持性的阅读情境。基于有效学习情境的理论，阅读教室的布置应从以下维度予以落实：一是存储书源，提供书柜或书架，方便学生借阅；二是文化布置，讨论并制订班级阅读公约、班级读书格言等，并以某种形式公示，以便形成班级借阅文化与阅读精神；三是阅读推荐，比如作家专题推荐、主题作品推介等，以便学生及时了解阅读资讯；四是提供展台，比如设置班级阅读作业展览区等，为学生展示阅读成果、阅读经验等提供平台；五是设立评比榜单，比如阅读之星评比栏、班级阅读之星展台等，推动榜样引领。

活动设计：为了帮助学生养成良好的阅读习惯，阅读教室需要以学生阅读素养形成目标（比如立足兴趣激发、策略习得、动力维护等），以整本书阅读推进为重要方式，设计各种类型的阅读分享活动（比如“读写绘”“个人读书报告会”“剧本表演”“精彩语段摘抄”“批注”“故事人物秀场”“读后感”等），根据阅读教室构建的不同进程，予以适时推进，从而保证阅读教室的健康发展。

那么，我们可以如何打造阅读教室呢？我先后在城区学校、城郊接合部学校、农村学校任教，每到一处都尝试在班级打造一间朝向学生的阅读教室。现在发现，无论在哪种类型的学校、哪种基础的班级打造阅读教室，都要做到读情调研、整体构建、走向连通、生态研究、花样作业、平台运用、活动助力、评价推进等步骤。下面，我就结合自身实践来谈一谈具体操作策略。

第一节　调研读情

《义务教育语文课程标准（2022 年版）》明确要“关注学生在兴趣、能力和学习基础等方面的个体差异”。阅读教室打造之初，一定要通过读情调研来了解学生的阅读基础，从而为阅读教室打造提供具体参考，让阅读教室的构建真正基于学生的基础与需求。读情调研时可以从阅读动力、阅读层次、阅读策略、阅读期待、阅读支持等方面入手。下面展示两个调研版本：

一、农村学校版：通州区家纺城小学四（3）班

今天是开学第一天，面对着一张张陌生的面孔，我的心中有一种说不出的感觉。因为好奇，所以我想初步了解班上学生的来源。结果发现，来自安徽的学生大约占了四分之一，来自河南的有二分之一，另外还有一小部分学生来自湖南、重庆、四川、河北等。看着孩子们那一张张淳朴的脸，听着他们南腔北调的普通话，我就开始思考：我究竟该给这些学生哪

些“带得走”的能力呢？思来想去，我就决定打造一间属于他们的“阅读教室”。

按照杜威《我们怎样思维·经验与教育》给予我的启示，我准备调研下这个班学生已有的阅读风格。我围绕阅读动力、阅读层次、阅读策略等方面，预先设置了这样 5 个题目：①你喜欢读课外书吗？为什么？②你喜欢什么样的课外书？试着写一本课外书的名字。③你常用什么方法读书？能介绍一下吗？④本学期，你希望能读到哪些书？⑤你的爸爸妈妈支持你读课外书吗？在整理学生的答案时，我在脑海里描画了这个班学生的阅读风格。

1. 阅读动力：喜欢读课外书，但是阅读体验并不深刻，因为他们对阅读的体验大部分还是处于“外在权威”告知的层面，如“读书能增长知识”“读书对学习有帮助”等。

2. 阅读层次：通过所读的课外书能够看到学生的阅读层次。我发现有不少学生写了《老人与海》，另外还有一些是作文书或杂志，不过令我感到惊讶的是一个叫刘臻的同学读过《莎士比亚戏剧集》。从这些方面可以看到学生的阅读面比较狭窄，局限在单一品种以及教材或作文上。

3. 阅读策略：我怀疑学生对这个问题是否真正理解，因为学生有的说“用老师教的方法阅读”，有的说“用一页一页的方法看书”，有的说“每天看 10 页”，有的说“我用坐直的方法读书”，有的说“我喜欢在床上看”，有的说“用手指头指着读书”，有的说“眼睛离书本一尺”……极少有学生提到真正的阅读策略。阅读策略是阅读风格的核心，没有策略支撑，基本上是谈不到有效、合理阅读风格的建构。

4. 阅读期待：学生的阅读期待各式各样，有希望能读到《海底两万里》《茶花女》《简·爱》《格林童话》等，有希望能读到历史书、漫画等。

总体而言，阅读期待与已有阅读经验密切相关，从学生的这份期待中，我发现学生原有阅读经验世界不够丰富，因为对于当下流行的读物基本上涉及很少，需要不断补充。

5. 支持系统：基本上这个班级的学生家长是支持学生进行课外阅读的，但是，也有两三个学生表示家长反对阅读，一是阅读伤眼睛，二是阅读对考试没有帮助。

二、城区学校版：通州区实验小学六（3）班

“你喜欢读书吗？为什么？”对于这一问题，我发现学生的读书观都很正，基本上都是“增长知识”之类。

“你最喜欢哪本书？为什么？”我看到了很多书目，比如《人间草木》《明朝那些事儿》《丁立梅散文》《哈利·波特》《俗世奇人》《蜻蜓眼》《在人间》《朝花夕拾》《骆驼祥子》《草原上的小木屋》《十三号站台的秘密》《青铜葵花》《三国演义》《狼王梦》《根鸟》《风会记得一朵花的香》《毕淑敏散文精选》《平凡的世界》《花未央，人未老》《伊索寓言》《昆虫记》《草房子》《童年》《中华上下五千年》《化学也疯狂》《冰心散文》《长袜子皮皮》《海底两万里》《这就是故宫》。从孩子们所罗列的书目中，我发现《明朝那些事儿》《丁立梅散文》出现的频率比较高，要么是老师曾经推荐过，要么是形成了阅读圈。

对于“你有哪些读书方法”这一问题，不同学生有不同的回答。相对而言，学生已经初步形成了阅读策略系统，不过区别也比较大。摘录一些经验比较丰富的：

读书时，心静下来，不要分散注意力，细细品味每一个字；遇到好词

好句好段时，画下来，可以读读背背，写作需要时可借鉴参考。

——杨璨熙

可以边读边做笔记，写下自己的感想，做批注，也可以把精彩的段落摘抄下来，多读几遍，增强语感。边读边思考，也能提高阅读理解能力。

——吴葛斐

第一遍读书理解书本大意；第二遍深入探究提出问题并解答，摘抄、背诵并运用书中的好词好句；第三遍分析全书，在文旁进行批注，并用自己的话简要描述全书内容且向别人介绍。

——顾嘉雯

“家人支持你读书吗？为什么？”对于这一问题，基本上都是支持的，而且还有一定见解。

对于“你期待读到哪些书”这一问题，学生罗列的书目很丰富，我整理如下：

《长征》《钢铁是怎样炼成的》《史记》《寄小读者》《文人与食事》《雕花烟斗》《我与地坛》《家》《春》《秋》《儒林外史》《红岩》《绿山墙的安妮》《边城》《论语》《易经》《狗牙雨》《野风车》《红瓦黑瓦》《单行街》《三体》《东周列国志》《万物简史》《水浒传》《欧也妮·葛朗台》《羊脂球》《简·爱》《呼啸山庄》《雾都孤儿》《老人与海》《这个清朝很有趣》《儒侠金庸传》《三十六计》《威尼斯商人》《根鸟》《甜橙树》《特别的女生萨哈拉》……

通过调研，我们就可以对班上学生的读情进行“画像”，然后根据读情中的相关要素来规划阅读教室的打造。

第二节　整体构建

阅读教室打造时需要依据阅读目标，对阅读宣言区、书籍借阅区、阅读推介区、阅读展示区、阅读评价区等进行整体规划与设计。

一、阅读目标的预设

阅读目标的预设是阅读教室打造的前提和基础。预设目标时，我们需要综合考量多方面因素：第一，我们需要透彻理解《义务教育语文课程标准（2022 年版）》中对“整本书阅读任务群”的具体要求。第二，我们需要建立自身对阅读的理解。值得一提的是，当我们自身阅读观还未形成的时候，我们可以参考其他同行的思考。国内的徐冬梅、周益民、岳乃红、李怀源、蒋军晶、李祖文、周其星等老师，国外的吉姆·崔利斯（美国）、艾登·钱伯斯（英国）、唐娜琳·米勒（美国）等老师对阅读的理解给了我很深的启发。第三，预设阅读目标时，我们还需要依据学生的阅读基础。以在通州区家纺城小学打造阅读教室为例，因为学生阅读基础较为薄弱，我预设了较为基础的阅读教室构建目标：让班级每一个学生都学会静心阅读，教室阅读氛围好；喜欢阅读，一学期中至少能完整读完一本书；初步形成一定的阅读能力，比如能够自主选书等。

二、阅读宣言区

阅读宣言区可以增强阅读教室的仪式感。我们既可以和学生共同创作一条阅读宣言，也可以和学生从众多的读书格言中挑选一条。在通州区家纺城小学打造阅读教室的时候，考虑到学生来自五湖四海，我们最终选择了“读万卷书，行万里路”作为班级读书宣言。为了营造氛围，我还请学校书法老师写成作品，粘贴在教室里。有时，在组织阅读汇报等活动时，我们还会一起大声诵读班级的读书宣言。

三、书籍借阅区

书籍借阅区是阅读教室的重要组成部分，主要为学生提供图书资源。图书的数量一般是班级总人数的两至三倍比较适宜，这样可以在人手一本的基础上，保证适度的流通量。书籍借阅区书目的配置可以根据《义务教育语文课程标准（2022 年版）》、教材规定的必读书目以及学生的阅读期待等进行。下表是我在通州区家纺城小学构建阅读教室时，根据学生个体差异较大、兴趣较为缺乏、阅读基础整体较薄弱等现状配置的书源：

五（3）班阅读教室书目配置

类别	占比	示例	目的
漫画	5%	《高卢英雄历险记》等经典漫画	激发尚未形成阅读习惯的学生生成阅读兴趣
绘本	5%	《艾菲利亚的影子剧院》等文字量较多的绘本	弥补学生童年时代没有读过绘本的缺憾
桥梁书	25%	《疯狂小学》等文字相对浅易、写得较有趣的整本书	为阅读能力仍有所欠缺的学生提供适合他们的读物
少年小说	40%	《小兵张嘎》《爱的教育》等小说	保证阅读能力正常发展的学生有足够的书籍阅读
经典名著	25%	《西游记》《三国演义》《水浒传》《红楼梦》等经典作品（包括改写版与原著版）	完成教材规定书目的阅读，学习古典名著的阅读方法

书籍借阅区的图书资源配置好后，也不是一成不变的，需要根据实际情况不断进行更新与维护，这样才能让书籍阅读区成为学生真正向往的地方。

为了让书籍借阅区能够正常运行，我们需要与学生共同商定借阅规则。一般而言，借阅规则越简单易行越方便操作。在操作过程中，要注意以下几点：第一，规则为借阅服务，一定要争取让学生以最快的速度借书与还书；第二，一定要注意培养学生文明借阅的意识与习惯。因此，我将借阅规则简化为以下几条：书籍随时开放，自主借阅，还一本借一本，不要多拿；爱护图书，不损坏，不乱涂，及时归还，不将图书占为已有；还书时，书脊向外，放整齐，不得乱放；借还书时注意文明有序。这四条看起来简单，但如果能做到的话，整个借阅就会显得很有秩序。

四、阅读推介区

阅读推介区主要功能是教师定期将一些优质童书用海报的形式展示出来，一方面可以增加学生对童书的了解，另一方面可以激发学生的阅读兴趣。海报可以是教师制作，也可以邀请学生制作。

五、阅读展示区

阅读展示区主要展示学生的阅读成果。我在阅读展示区设计了“阅读成长竹”的展示板，展示板上有与班级学生人数相等的竹子，每名学生认领一根竹子，每读完一本书，就让学生将自己所读书的题目写在姓名签上，贴在自己的成长竹上，寓意阅读可以像竹子一样拔节。另外，我们还可以在阅读展示区展览学生各种优秀阅读作业。

六、阅读评价区

在阅读评价区，我设计了阅读成长树，凡是每月被评为阅读之星的学生，就可以在成长树上粘贴一颗拥有自己名字的红苹果贴纸。

第三节　走向连通

曾经有一段时间，教材的学习内容、阅读策略等与整本书之间不存在相互关联，导致了教材学习和整本书阅读以一种相对独立的方式存在于学生的阅读生活中。显然，教材学习与整本书阅读相互隔离的方式不利于学生阅读能力的整体建构与系统发展。因此，在阅读教室构建的过程中，我们需要着力在教材学习与整本书阅读的相互连通上下功夫。

一、内容连通

所谓内容连通，即将教材学习与整本书阅读的内容关联起来。我经常采用的方式就是基于教材匹配书源，有两种方式：一是依据作家匹配书源，二是立足教材单元主题来配置书源。下面以五年级上册教材为例加以说明：

第一单元出现的作家作品有《白鹭》（郭沫若）、《落花生》（许地山）、《桂花雨》（琦君）、《珍珠鸟》（冯骥才）。从作家层面来说，可以推荐相关作家的散文作品；从作品主题的层面来讲，可以推荐描写事物的散文。

第二单元出现的作家作品有《搭石》（刘章）、《将相和》（司马迁《史记》）、《什么比猎豹的速度更快》（美国的罗伯特·E. 威尔斯）、《冀中的地道战》（周而复）。从作品主题来匹配，可以读历史主题的作品，比如《史记故事》；也可以读红色经典，比如《地道战》；还可以读科普小品。

第三单元“快乐读书吧”已经明确了推荐书目，比如《中国民间故事》《欧洲民间故事》《非洲民间故事》等。

第四单元出现的作家作品有《古诗三首》（《示儿》《题临安邸》《己亥杂诗》）、《少年中国说》（梁启超）、《圆明园的毁灭》（王英琦）、《小岛》（陆颖墨）。从作家的层面来讲，可以匹配一些人物传记，比如《陆游传》《梁启超传》等；也可以匹配一些历史类作品，比如清朝历史方面的。

第五单元作家作品有《太阳》（张姑民）、《松鼠》（法国的布封）、《鲸》（于功）、《风向袋的制作》。从作家层面来讲，可以阅读布封的作品；从作品主题上来讲，可以推荐科普类作品。

第六单元作家作品有《慈母情深》（梁晓声）、《父爱之舟》（吴冠中）、《“精彩极了”和“糟糕透了”》（美国的巴德·舒尔伯格），这个单元可以围绕作家来推荐适合学生的散文作品，也可以推荐描写父母的相关作品。

第七单元作家作品有《古诗词三首》（《山居秋暝》《枫桥夜泊》《长相思》）、《鸟的天堂》（巴金）、《月迹》（贾平凹）。本单元可以从作家与主题两个层面进行阅读推荐。作家层面可以推荐相关作家的散文作品，主题方面可以推荐写景的文章。

第八单元作家作品有《古人谈读书》、《忆读书》（冰心）、《我的“长生果”》（叶文玲），可以围绕作家作品进行推荐，比如冰心文集等，也可以推荐名家谈读书相关主题的作品。

二、策略连通

所谓策略连通，是指引导学生从教材中习得阅读策略，运用到整本书阅读当中。《语文教育的心理学原理》一书提出策略的学习需要“连续和灵活的练习”，而策略的练习“必须有连续性，没有连续性，学习者将无所适从，认知图式不能形成”。课内阅读所传授的阅读策略，只有借助课外的广阔情境才能进行多维度、全方位的练习，才能逐渐形成技能，也才能真正内化为阅读能力。

以教材五年级下册为例，第二单元推荐阅读《西游记》《三国演义》《水浒传》《红楼梦》，教材从“联系上下文猜测语句的意思”“遇到一些较难理解的语句可以忽略”“借助资料”“结合影视加深对课文的理解”等方面引导学生“初步学习阅读古典名著的方法”。在阅读过程中，我采用了“青少版”和“原著版”相结合的方式，利用“青少版”让学生整体把握名著内容，选择“原著版”中的一些回目，让学生运用以上策略进行阅读，从而培养阅读素养。

第四节　生态研究

目前，学生整本书阅读仍处于“黑箱”状态。虽然我们在推广学生整本书阅读上花费了不菲的精力，但是我们并没有能真正洞悉学生整本书阅读的真实现状与过程。比如说，学生采用了哪些积极有效的策略展开整本书阅读？在阅读过程中，学生是如何进行思考的？书中的哪些内容对学生产生了积极有效的影响？等等，这些对我们来说，仍然被蒙着厚厚的看不清说不明的迷雾。同时，正因为我们无法观察到学生阅读整本书的真正内情，所以我们也无从知晓所进行的指导是否真正有用。

正因为学生的阅读生态是相当复杂的，我们只有采取随时切入的方式，才能真正打开学生阅读的真实世界，才能让这个真实世界为教师打造阅读教室提供积极有效的参考。在阅读教室的构建过程中，我先后围绕“这本书你读完了吗”“为什么班级共读的书不愿意再读了”“谁对自己的阅读影响最大？为什么”“读完书，你愿意和别人分享吗？为什么”“写阅读批注感到困难吗？为什么”“这一阶段的阅读，你最大的收获是什么呢”

等话题进行了调查与分析。下面以“这本书你读完了吗”“孩子，周末你读书了吗”这两个调查与分析为例，来说明学生的阅读生态。

一、这本书你读完了吗？

发现一个现象，那就是有学生书没有看完就来换书了。我多么想在班级明确要求：图书一定要看完才可以更换。但是，仔细想了想，我放弃了。阅读本身就是自由的，如何选择适合自己的读物也是一项重要的阅读能力。于是，我想了解下学生内心真实的想法，调研的话题是：每次到“漂读台”换书，你都看完了吗？如果看完了，你是怎么做到的？如果没有看完，又是什么原因呢？没想到，学生回答的答案各式各样，还有很多出乎意料的地方。

1. 看完的

紫末：是，因为我每天回去把作业做完之后就把课外书拿出来看一小时。

【解析】这样回答的学生已经有了非常强的阅读时间意识，他们已经开始能够安排自己的阅读时间，此类答案有好多，正如一个学生提到了一个关键词“坚持”。

诗语：每次我都会看完再换，因为我喜欢看书。

【解析】这个学生的阅读态度支撑了她将整本书读完。

宇哲：是，只要看着看着就看完了。

【解析】非常朴素，如果进入自由的阅读境界，书不就是读着读着就完了吗？

梓涵：我都是看完了一本书后才去换的，因为我的老师去图书馆借的都非常好看。有一些我不喜欢看的，我就不拿。所以，我能读完一本书。

【解析】看来，这个孩子很会挑选图书。

冰花：是，我拿了一本书之后，就恨不得看两遍，因为我挑的每一本书都很好看。

【解析】非常鼓励学生能够将书读两遍。下次就对这个话题展开调研，看看他们真实的阅读世界。

雨强：我每次看完了再去换。我妈妈每次都问我看的是什么课外书？上次那本课外书看完了没有？书中主人公的结局如何？等等。我要是没看完就去换，我就回答不出妈妈关于课外书的问题。

【解析】令我感到高兴的是，有一些家长介入了学生的课外阅读之中。从孩子的回答中，我们可以发现家长介入学生的课外阅读是多么的重要。

昌新：是，因为这些书很好看，我想一本一本看。

【解析】根据我的观察，这个学生可能还没有养成阅读的习惯，但是，他说出了这样的话，我还是感到很高兴。

志友：我每次都看完，因为我的作文不好，我想写好作文，我就把书看完了。

【解析】这个学生有比较清晰的阅读目的。不过我有点好奇，那就是在阅读的过程中，他是如何达成提高作文的目标的？

明辉：每次来换书，我是每本都看完，并且一个字一个字地读过去的，心要平静，不要三心二意，不然的话，老师问"你读的什么？内容是什么？"你都不知道怎么回答。

【解析】这个学生受我们阅读交流的影响。应该说，目前阅读交流做得还不够，不过已经有学生受到影响，很高兴，也很期待。

一涵：是，因为我一有空就会去图书馆看书，平常一天能看一两本书，就提高了看书的速度。

【解析】这是班级目前阅读能力最强的学生。她阅读的速度确实是惊人的。随着阅读速度的提高，我们可以发现她的阅读范围还在不断扩大。

蜜甜：我是看完才换的，因为我家那里有许许多多上幼儿园的小朋友，每次放学，我写完作业，就读课外书给他们听。

【解析】非常喜欢这样的阅读方式，已经有了阅读交流的意味。真希望她能读更多故事给别的小朋友听。

政国：我看完书再换，因为课外书很好看，也不能浪费作家辛辛苦苦写的书。

【解析】作家也要对得起这些热爱阅读的孩子们。

雅文：是，我看完了，我是一边看一边想，里面有谁做了什么事，只有看完了才知道。

【解析】这个学生阅读时有一个非常明显的推测策略，而且她用得很顺手，也很成功。

2. 没看完的

子航：我是没有看完就换了一本书，因为我想拿一本好看的书。

【解析】能够理解他吗？能够。不过，我有点担心他能不能找到一本适合自己口味的图书。

启豪：没有，因为有的书一点都不好看，好看的我就会看完。

【解析】很坦诚，想想我们自己阅读的时候是不是也是这样？进入图书馆，从一排又一排的图书开始……你都能一本一本读完吗？不过，我也在担心，不能看完是不是因为理解力不够？

嘉俊：没有，因为那本书不好看。

【解析】此类回答是那么的干脆。我也很喜欢这样的回答，现实生活中，是不是也有很多我们不喜欢的图书？“不喜欢”是一种阅读的权利，换句话说，实在不喜欢的图书为什么一定要喜欢？其实有一个叫雪燕的学生回答得更明晰一些：因为那些被我换掉的书都不是很好看的，所以我才重新换了一本。

海洋：没有看完，因为有些故事很无聊，我觉得没意思，有些故事看不懂意思。

【解析】儿童就是天生的阅读评论家，不是吗？

学生的回答很棒。这就是学生真实的阅读体验，于是我决定，目前阶段还是采用自由阅读的方式。因为培养智慧型读者需要这样一个过程。

二、孩子，周末你读书了吗？

今天早晨我要做学校的导护工作，所以早晨不能进班。但是，中途我也到班上去过一趟，发现每个学生都在认真地阅读，感到很是欣慰。但是，上周随机询问了几个学生，问他们回家读不读课外书，几个学生均表示不读，当时我有些失望，内心深处还是想了解下他们平时在家阅读的真实状态是怎样的，于是，早晨又进行了一次调查。问题如下：

①周末回家，你读书吗？②你读的是什么书？读了多长时间？③你为什么读？（或者“你为什么不读？”）

最后统计下来，大概有这样 6 个学生表达了自己阅读的困境：

子航：不读，不想读。

家齐：没读，是因为我在写作业，我妈回老家了，家里的事我来管，我爸要干活。

一鸣：没有，《一千零一夜》我看不懂。

昌新：《神医杜里特在猴子国》，没有图片，全是字，有一些我看不懂。

佳昊：我有困难，有一些我看不懂，有拼音的能看懂，希望有拼音的能多一些。

梓涵：没有课外书，因为这本书我在学校里看完了，真的。

分析以上6个学生的困境，其中梓涵应该是喜欢阅读的，但是，前面5个学生确实存在着较大的阅读困境，他们主要是因为读不懂。阅读有困境的学生是班上较为特殊的群体，最终，他们可能因在阅读上遭受了太多的挫折而远离阅读，他们也可能因此不能品味到阅读的乐趣。

下面摘录一些周末阅读的特殊原因：

雨强：我不敢不读，因为要写感受。

嘉俊：因为可以加星。

紫怡：因为没有事就会拿出课外书。

恩惠：因为读书可以丰富知识，写作文的时候也不会很困难，所以我读。

翔宇：因为我爸爸妈妈星期六星期日不让我玩电脑，也不让我玩手机，只让我读书，只要我玩，我爸爸就批评我。

以上是一些代表，类似的就不再摘录。我发现，因为没事可干而阅读的有几个学生。任务驱动的至少有3个，看到这样一个数据，我还是比较满意的。因为，真正需要阅读的是书籍本身，被书籍所迷恋，这是让学生成为智慧型读者的关键动力。不过，回答是因为家庭作业不得不读书的学生中有一个是非常喜欢阅读的，看来，她的阅读动机中有一些是被驱动的。关于提高写作文水平的那个答案，是带有一些动机的，带着动机未必不是好事情，但是我所担忧的是，如果带着这样的目的达不到效果会怎样？最后一个学生的答复是需要和家长沟通的，是不是真的是这样呢？

当然，最多的是对整本书真正喜爱的，下面摘录几个：

婉欣：读的是《淘气包马小跳》。虽然马小跳很调皮，在老师和同学们眼里不是品学兼优的孩子，但他是一个聪明的孩子，是一个善良的孩子，是一个敢作敢当的孩子。我们不仅要学习好，要善良，也要敢作敢当。

紫末：读的是《皮皮鲁和沙漠潜艇》。书中的很多内容是用不同的写作手法来形容精彩纷呈的事物，比如说白蚁会上网，搞了个恐怖组织，叫“白约”等。

豫秋：读的是《皮皮鲁和罐头小人》，因为我期待着下一篇写的是什么，发生了什么事，所以我读了这本书。

天恩：读了《法国之旅》，因为这本书很有趣，我非常热爱读这样的书。

文浩：读的是《獒魔“黑侠”》，这本书很有趣，特别好看，写得非常生动。

李爽：读的是《我是笨狼》，因为读书可以提高生活的质量，还可以从书中知道另一个世界，就像在书中冒险。

海悦：读的是《阳光姐姐小说》，因为这本书的内容很好看，总能让人在不开心的时候找到很多乐趣，使人的心情一下子就改变了。

冰花：读的是《小渔夫与宝镜公主》，这本书让我感受到了小渔夫冒险的乐趣。

班上有三十多名学生表达了周末有时间读书以及为什么读书。从这些读书的理由中，我们能够发现书籍本身的吸引力是至关重要的。正因为书籍本身的吸引力，所以学生才会沉迷其中。就像昨天有一位家长问我，说孩子喜欢读那些写得让学生容易接受的书，不喜欢那些比较严肃的书。事实就是如此，就像生活中的人际交往一样，谁喜欢那些一直严肃的人呢？总喜欢亲切、随和的。通过这样的调查，我发现班上绝大多数学生已经养成了阅读的好习惯，另外，书籍本身的魅力是非常重要的。

深入学生阅读的真实世界，我既惊喜又感动，因为在那里我看到了阅读经验的生长。尽管有些经验还不算成功，但是他们已经开始围绕自己眼前阅读的这本书，思考自己的阅读现状，这本身就是一种进步和发展。

第五节　花样作业

作为阅读教室系统中的一部分，作业是对学生从阅读能力、阅读信心、阅读习惯层面展开的引导。当然，阅读作业的设计一定要依据学生的读情变化而变化。一般有阅读计划、“微读感”、整本书思维导图、“四格反思单”等。

一、阅读计划

阅读计划也是阅读作业的组成部分。学期刚开始的时候，可以布置学生自己制定本学期阅读计划。如果学生不会制订阅读计划，教师可以预设以下问题进行引路：①这学期你计划读哪些方面的书？准备读多少？怎么读呢？②你希望老师怎样组织阅读活动？可以对老师提提要求。

下面摘录几位学生阅读计划的部分内容，并做分析：

1. 我准备读一些幽默、有趣、科幻的书，读 10 本左右，读完以后写读后感。我想要老师先读，读完后问同学们收获了什么。

【解析】这个学生的阅读取向比较明确，阅读幽默、有趣、科幻方面的书。从目前来看，学生的阅读期待还是比较宽泛的，其他同学甚至提到了奇幻、寓言、历史、冒险等。

对于阅读方法，学生掌握得比较少一些，所以，这里先提出读后感。事实上，每读完一本书都写一篇读后感，挑战也是非常大的。阅读究竟有哪些方法？简单一点来说，就是把书拿起来看。那么，我们究竟有没有必要让孩子掌握一定的阅读方法？比如说，给书做卡片、写读后感、与别人分享、摘录书中的语句、改写书的故事等等。我觉得有必要，这些阅读作业能进一步提升学生的阅读素养。

2. 我希望老师把好看的部分讲给我们听，跟我们一起读。

【解析】就像大声朗读给孩子听一样，孩子是希望能够听到老师朗读的，而且是边读边讲解的方式，这样可以将有趣的内容传递给他们。有这样想法的学生比较多，如袁卓越说的“我希望老师一边讲解着读，一边给我们讲很多的故事”，胡海洋说的“希望老师每天给我们读三四页，每天都读；然后不懂的给我们讲，让我们重复地读这本书”。

3. 希望老师一边讲一边幽默地带我们读，这样我们能充满希望地读下去。

【解析】这个学生说得更有意思，“充满希望”——多好的词语。所以，从这个角度来看，学生是希望老师能够给他们讲书的，讲的内容包括两方面，一方面是不懂的内容，另一方面是有趣的内容。所以，讲书时老师需要带领学生关注这两点。

4. 希望举行读书竞赛活动。

【解析】确实，可以围绕某一本书，组织学生进行知识竞赛。这一点还没怎么组织过，看来很有必要。上学期阅读《三国演义》，后面没有能够开展得很顺畅，这学期也可以继续组织起来。

5. 希望老师带着我们读，有些生字、新词意思写下来，并且给我们提出问题，让我们自己去书中找答案。老师一天抽6～10人的微读感给我们讲，我们写作时候的缺点到底在哪里，给我们提一些建议。

【解析】虽然，学生的阅读计划写得并不完善，但是，提供给我的反思性内容还是比较多的。整理后发现有这样三个方面：第一，大声给学生朗读，仍然需要。朗读时要关注不懂的地方与感兴趣的地方；第二，阅读的活动要尽可能多组织一些，比如说各种花样的阅读竞赛，如概括内容比赛、现场仿写比赛、给一本书做卡片比赛等；第三，适当的教一定的阅读方法给学生，以《伊索寓言》为蓝本继续采用对话型读书笔记的方式来进行。

二、“微读感”

教育实践其实是一件非常有意思的事情，但凡有一个新的点子，立即去实践，在实践的过程中或许并没有想到下一步怎么做，但是，做着做着，好的方式与方法就生成了。比如，前一天下午，我印制了一些写作“微读感”（所谓微读感，就是每天读完书之后，将自己的阅读感受用一段简短的文字记录下来）的作业纸，征集一批优秀的作业；第二天一早，我进教室，将这些优秀的感受收起来，然后粘贴到了教室的墙面上。当粘贴好这些“微读感”的时候，我突然意识到，如果仅仅如此简单地粘贴一下，效果未必好，因为不一定有学生真正去阅读，这样就达不到展览的效果。最好是引导学生来评点。是不是可以邀请一些还不怎么会写“微读感”的学生来评点呢？想好了之后，我连忙制定了评比细则，三星制，有内容得一星，有感受得一星，有篇幅得一星。

下午，走进教室，我就邀请了三位平时不怎么会写“微读感”的学生到前面来评点，要求他们在点评的时候必须一份一份读过去。他们评点得很认真，每个人都在每一份上面画上了星星。后来，我还邀请一部分优秀作者前来，这样他们也能吸取长处。我最后的理想就是，通过这样的引导，让平时不怎么会写“微读感”的学生稍微会写一些，让平时能够写“微读感”的学生写得好一些，让平时“微读感”写得比较好的学生进步得更快一些。

我想，凡是这次展出“微读感”的作者应该也非常有感触，因为他们的劳动成果获得了一次展出的机会。我想，这次推出的是优秀学生的，下次应该推出进步学生的，这样分层、多次推出，同样也请别人评星，这应该能起到一个促进作用。

有时，我还专门针对学生的“微读感”进行点评——

书题：《韩国旅行记》　页码：62—70 页

收获：庆州还有个温泉，叫普门湖温泉。温泉的水温大约在三十摄氏度，而且在庆州还有美丽的樱花，樱花的花瓣在天空中飞扬，特别是在春天，让人感觉很自然很美丽。（罗冰花）

评点：得星三颗。小作者原来没有写温泉的名字，我建议加上去。这样，可以将获取的知识具体化。

书题：《葡萄牙之旅》　页码：187—211 页

收获：这里写了在葡萄牙的软木王国。我还知道了软木生长的树能活 200 岁。（石中杰）

评点：得星一颗。这位同学写了自己所获得的一个知识。刚开始也是不能具体化的，后来在建议下修改。但是，我们仍然可以看到，这个学生在阅读时候得到的并不多。这可能是阅读能力不强的学生的通常问题。

书题：《奥运童话》　页码：31—65页

收获：狮子大王站起身来，匆匆带着随从走出了宫殿。它们来到猫的山坡上。看见一排绿油油的树。树上有老鼠的尾巴，真正的鼠尾巴。（陈旭）

评点：得星两颗。阅读能力不强的学生出现的一个问题就是阅读收获模糊。他们不能整理自己的阅读收获，大多只能从一个点切入，而且将这一个点看成是自己阅读的所有收获。

书题：《爱玩飞镖的校长先生》　页码：1—115页

收获：这本书很好看，只介绍了一个故事。大家可以从书名看出校长喜欢玩飞镖。这个故事很长，人物有校长、校长的姑妈、蜜儿等。这位校长与众不同，有着独特的教育理念。校长的姑妈很严厉，喜欢穿黑色的衣服，学生都很怕她。而学生非常喜欢的、无所不能的蜜儿是仙女呢！不信你读读就知道了。（王灿）

评点：得星三颗。可以看得出，这位学生能够将阅读过程中的收获整理出来，而且能有条理地表达出来。所以，让学生写感受，如何判断学生阅读能力的高低，主要看学生能否将阅读的收获有条理地梳理与表达。如果再现的信息越多，则表明学生的阅读能力越强。

三、整本书思维导图

《琦君散文》这本书基本上读完了，怎么带领大家梳理书上的内容呢？想来想去，准备还是用思维导图的方式。是整体梳理，还是分主题？我准备带学生先将这本书的内容进行分类，然后根据类别再让学生自主选择，梳理内容，制作导图。在课堂上，我们梳理出了这样一些内容：母亲的故事、老师的故事、读书经验、写作经验、童年生活（玩具、美食、地方等）。然后让学生 6 人为一小组，以小组为单位选择其中的一项内容，商量分工，并进行创作。

以小组合作的形式来绘制整本书的思维导图能够形成阅读经验之流，一方面可以让阅读经验欠缺的学生学习到较为丰富的阅读经验，另一方面让阅读经验丰富的学生也能在运用、分享的过程中巩固、强化自我成功的阅读经验。

四、“四格反思单”

学生读完了《童眸》《利维尔和我》等书后，我让学生运用“四格反思单”进行梳理。“四格反思单”包括这样四个栏目：“我读懂的”“我疑惑的”“我的建议”“我想改编”。“我读懂的”主要检查学生阅读了这本书之后的理解；“我疑惑的”主要检查了学生阅读了这本书之后的思考；“我的建议”其实是对整本书内容、思想等层面提出自己的看法；“我想改编”主要是引导学生尝试自己去创编这个故事的部分情节。当然，这四个栏目不唯一，在操作中可以根据需要进行调整。

“四格反思单”可以用较为便捷的方式来观察学生阅读一本书的概貌，是检查学生自读的一种好方式。

五、阅读记录卡

学生在阅读《西游记》原著的过程中，我从“我积累”“我梳理”“我提问”这三个层面设计了阅读记录卡（如下）。这类记录卡以“伴读”的方式，帮助学生初步养成阅读古典名著的方法和能力。不过值得注意的是，在实施的过程中，有一部分学生会以完成任务的心态来填写这份记录卡，所以开始的时候最好在学校里在老师的指导下完成，初步形成习惯后再回家完成。

《西游记》阅读记录卡（示例）

回目：
我积累：摘录（具有新鲜感的词语、谚语、句子等）2—5个：
我梳理：请从不同角度分析孕育石猴的仙石“仙”在哪里。
我提问：自己在阅读过程中还有什么不理解的？可以将问题写下来。

第六节　平台运用

班级阅读交流，不管用什么方式拓宽交流对象，最终还是局限在一定的区域内。怎么带领学生进行更全面、更高质的读书交流，这个问题一直困扰着我。几番思考、权衡之后，我决定办一期关于阅读的班刊，与自己的课题研究结合起来，起名叫“慧读”。下面就来介绍其中的几则故事：

一、用名家阅读经验来“摇动”

阅读动力的唤醒需要什么？我想到了一个词语“摇动”。我可以用名家的阅读经验来“摇动”学生，让他们能够“心动”，最终“行动”起来。在网络上搜索，我找到了巴丹主编的《阅读改变人生》。翻阅书的内容，我发现这本书介绍了一些文化名人的读书经历与经验，很适合学生。这本书以采访的形式，问题都经过了精心设计，绝大多数都非常贴近学生实际。比如说，改变您人生的书是什么？您青少年时期最喜欢读的书是什么？您读书的格言是什么？您读书的方法是什么？对您读书生涯产生过重大影响的人是谁？您最大的读书心得是什么？您怎样看待读书与做人的关系？读书有什么捷径……

于是，我心中便生出了一个念头，专门编撰一期名人阅读经历的班刊。我从这本书中编选了学生所熟悉的几位名家，如叶永烈、金波等，当然，为了给学生扩充视野，我还编选了茅于轼、柳斌等名家阅读访谈。等我将这一期《慧读》编撰好，满满当当的四个版面，记载着的都是名家阅读的宝贵经历，我的心也随之沉甸起来。我在“编者按”中这样写道：

同学们，本期向你推荐我国一些文化名人读书的故事与经验，希望对你的阅读有所帮助。以下内容均选自《阅读改变人生》这本书，如果你对以下内容很感兴趣，可以找来这本书读一读。

在阅读的过程中可以将对你有用的内容圈画下来，然后细细品悟，本期特向大家征集读后感言，字数不限，谈谈名家阅读经验给自己的启发，稿件发送至 hdhxbjb@126. com，期待你的来稿。

为了保证交流效果，我利用一节课时间，前半节让学生阅读，后半节让学生写学习体会。对学生的学习体会，没提过高要求，只是让学生抓住自己印象最深的内容来谈，围绕自己的实际来写。

在学生动笔之前，我对他们进行了一定的指导：

“如果你是班刊的编辑，你会选什么样的稿件？”

“当然是文字比较优美的。”

“不完全是，一个比较符合要求的稿件，语句肯定要顺畅。最主要的是，我要看你在阅读的过程中收获了什么，哪一位名人的阅读经验给你留下了深刻印象，你又是如何理解他的阅读经验的。”

“老师，我知道，如何理解阅读经验，最好能够结合自己的生活实际。”有同学补充道。

“是的，请大家关注两点：第一，你从名家的阅读经验中学到了什么？

抓住自己印象最深的来谈。第二，你是如何理解他（她）的阅读经验的，最好结合自己的实际情况，这样理解才深刻。”

学生开始动笔了，二十分钟限定时间让大家都有些紧张，很快进入了写作状态，看着大家时而眉头紧锁，时而摇动笔杆，我也充满期待，就像一位老农，辛苦播种了之后，期盼着田地的收获。

事实确实如此，学生努力地将名家的阅读经验融入自己的阅读生命：

叶永烈先生的读书经验被很多同学关注，在批改阅读感言的过程中，我发现有不少同学立足叶永烈先生的读书经验，尤其是他讲述他两个儿子的阅读经历。王楠同学认为：

我从叶永烈长子应聘的过程中明白了，有时读书也会对社会上的为人处世有帮助。在文中，他的长子因为读了《巴顿将军传》，让他自己成了这家公司的总经理。所以“多读书，读好书”是会受益匪浅的。

金波先生的阅读经验也颇让学生关注，范逍伊同学围绕金波先生的阅读经历阐述了不少内容：

金波爷爷谈他第一次读泰戈尔的《新月集》，他并没有谈书的内容，而是说自己读的感受，“新奇而温暖”“心醉神迷”等词语的回答如《新月集》同样充满了诗意。

金波爷爷的读书方式特别，他并不是说非得读名著，他认为与自己生活有关的书才是最贴切自己的，这样的书能让自己明白生活需要什么。他的每一个回答的最后都用一句话总结，让人一下子就明白他要表达的意思。他写的读书心得也是那么的“优美”，他把书比作“第二个世界”，写这个“第二个世界”给他带来的快乐与温暖，他说：“没有书这个‘第二个世界’，我将如何度过一生。”一句问话却用了句号，由此可见金波爷爷对阅读的热爱。我想到了自己的阅读，“肚里”没有那么多的好词好句，主要原因还是书看得太少了，要么就是希望一下子看完一本书，并没有边阅读边思考，不能真正走进金波爷爷所说的“第二个世界”。

从金波爷爷的“读书与做人的关系”看法中，我懂得了，一个爱看书的人，他的每一天都是有价值的，他懂得去发现、去懂得做人的道理和价值。一个沉浸在“第二世界”的人一定会每天“新绿”，我也要学习金波爷爷的阅读经验，做一个才能文思、活跃畅达的人，通过阅读改变自己的人生！

还有学生关注到了柳斌先生的阅读经验。相对而言，学生们对柳斌先生不太熟悉，但有的学生关注到他是如何阅读的。我想学生之所以对他的阅读经验感兴趣，说明只要是珍贵、有用的经验，对谁都是有用的。方叶子就对柳斌的读书方法进行了阐述：

“一读，再读，反复读，直到背诵。”柳斌先生所说的读书方法，让我有不一样的感受，曾经，当我捧起一本书，我都使用泛读的方式，看完了，也只记得大致内容，从不体会作者所用的手法或者写法。当偶尔看到精彩的段落，我也只是放下书来感受一下当时的情景，遇到不理解、不懂的、特殊的、从未见过的段落写法，我也从不反复、仔细地琢磨，只是连估带猜地顺了过去，一本书就这样被我读完了。“一读，再读，反复读。”这句话一直印在我的脑海里，可我从不拿起一本书仔细地读，品味着读，俗话说“精读如下马看花，泛读如走马观花”，我就是这样，只看见了花的样子、形状，却体会不到花淡淡的清香，过不了多久，它就被我渐渐地遗忘了。直到瞿老师带我们读书，我才领悟到藏在书里的宝藏，才发现书里作者各种各样的写法，才真正感受到阅读的乐趣。

最后整理稿件的时候，发现类似以上的片段不少。当最终入选的稿件发过来的时候，检测了下字数，竟然有八千多字，办一期已经差不多了。看着学生如此生动的“交流”，我想“摇动”的目的已经达到了。

二、关于批注的专刊

想到当下正带领学生共读的《呼兰河传》，想到正带领他们写批注，我眼前忽然一亮：何不出一期专刊，展示学生写的阅读批注？目前批注的质量参差不齐。写得好的同学，下笔如流水，已经达到与作者“神交”的境地；写得不好的，总是批“太优美了”“很好玩”“十分好看”，等等。想到这一点，我立马行动，让家长从学生给《呼兰河传》所做的批注中挑选一个，以“精彩语段＋××批注”的方式打印成电子稿发送给我。

当天晚上就收到了十几则批注。最先发来的是张逸秋，她批注的质量还挺不错的。她是一个很要强的女孩子。记得有一次班上组织参加征文比赛，她一连修改了八次，别人可能早就垂头丧气了，但她一次不行下次再来，显得耐力十足。她挑选了《呼兰河传》第五章节中的精彩语段：“砖头晒太阳，就有泥土来陪着。有破坛子，就有破大缸。有猪槽子就有铁犁头。像是它们都配了对，结了婚。而且各自都有新生命送到世界上来。比方缸子里的似鱼非鱼，大缸下边的潮虫，猪槽子上的蘑菇等等。”她的批注围绕萧红的心理展开的，联想得还比较贴切：“这里所说的一切都是成双成对的。在一个家里，爷爷和奶奶，爸爸和妈妈也都是成双成对的，而作者这时就感觉自己就像多余的一样，所以她非常不开心，非常孤独。”

“良好的开端成功的一半”，有了张逸秋这个“优质”批注打底，我心里充满了期待。接下来，陈王希的批注也来了，他选择的是《呼兰河传》中描写火烧云的一段话：“这地方的火烧云变化极多。一会红堂堂的了，一会金洞洞的了，一会半紫半黄的，一会半灰半百合色。葡萄灰、大黄梨、紫茄子，这些颜色天空上边都有。还有些说也说不出来的，见也未曾见过的，诸多种的颜色。”他从写法、联想等多个方面进行了批注，显得特别用心：“萧红在这里用了排比的手法写出了火烧云变化无常的美。让我读了仿佛身临其境。读完这段文字，我闭上眼睛，一仰头，顿时感觉眼前就是那萧红笔下的一片火烧云，天空变得从未有过的美；再一低头，只见整个大地一片五彩缤纷，使所有的生物精神焕发。真希望这火烧云永远不要消失啊！真希望我能亲眼看见这美丽的火烧云啊！”

接下来，徐格典、吴羌笛等十多名同学的批注陆续来了。其中有几份我觉得品质不够好的，我回复了邮件，请他们再次修改，第二天，我还真的收到了他们的修改稿。

第一天就收到了十多份批注，我心里就更有底了，我将这十多份批注下载、整理到 word 文档中，到教室里进行了展示，一方面是给学生树立一个榜样，什么样的批注才可以发过来，另一方面是让学生有一种紧迫感，哪些人的批注已经上交了。

第二天晚八点，又陆续收到一些批注，我利用 word publisher 编撰成了一份报纸。在第一版，我还利用版面介绍了萧红的生平；在每个版面中，为了激发学生阅读的兴趣，我还导入了连环画《呼兰河传》（侯国良绘）部分页面作为插图，最后，我还利用版面介绍了《生死场》的内容。

但是仅仅展示批注够不够呢？显然不够。

我想到了一个字——“评”。

可以让学生评评别人的批注写得怎么样，在评别人的同时其实也在吸取别人的长处，从而将别人的优势转化为自己的优势。想到这里，我向学生布置了第二期《慧读》的主要内容：

评批注。也就是说，评一评，谁的批注写得好，为什么好。优秀的评点将发表在《慧读》的下一期上。

翻阅学生对批注的评点时，我感到非常意外。很多学生的评点写得不错，以前我甚至没有能够发现学生身上蕴藏着这么强大的能量。

王楠同学评价了陆张玥的批注：

我认为陆张玥的批注写得很好，因为她的批注深刻地反映出了当时封建社会萧红的生活有多么可怕、空虚，显得那么孤独，同时她也点明了作者这段话的写法，使人读起来完全能读懂。

在选用评刊内容的时候，我还关注到了两种现象，一是家长评刊。范逍伊的妈妈也参与了评刊，高度评价了孩子们写的批注。我本来很想让这个家长也将自己的评刊发表出来的，但是最终家长没有“自愿”发送。或许什么时候，我可以专门搞一期家长评刊。二是学生的评刊。我发现有些学生评得非常全面、认真。比如说，狄袁师杰，他一连评了几位同学的批注：

顾雨蒙的批注先从方法说起，让人一看就有豁然开朗的感觉，从那一个短短的结尾，让她感到作者萧红心中的那份向往，“托人咏志”，堪称妙批！施播阳的批注总体不错，他一开始从文字的表面分析，让人在不经意中体味到了“柳暗花明又一村”的透彻。短短的一番话，体现了那份独特的情趣和别致的思想。曹雨轩的批注开头很精致，心理描写到位，不过我觉得总结没有能紧扣主题。为什么要写“钱”呢？给点小建议：作品在这里应该是在渲染一种悲凉的氛围，如果说“钱”，但为什么要变实在呢？让人有点不知所云。陆科宇的批注很独特，他采用了美术色彩中的一种“灰”色，描绘并串起前一半，这种描绘的方式，会让人感觉有种悲哀、伤感的效果。“灰”色，那是一种多么阴沉的颜色，通过衬托变得更加荒凉。妙！沈俊逸的批注，不谈论有二伯的性格不好，而是“反弹琵琶”，烘托出其心理，反映其思想。这种写法，把有二伯这个人物，从令人扑朔迷离，一下子变得水落石出，使人明明白白，这种技法，真高！顾哲锴的批注构思巧妙，就像从他自己的心理入手，娓娓道来，将这段原文中要表达的本意清晰地展现在读者面前，品读后，让人感觉到了其中的精神，语言令人回味无穷。

这段批注不仅能道出别人批注的妙处，而且能指出别人批注的不足，语言老辣，点评到位。

现在，我真正认识到“评”的作用了。“评”让学生的阅读有了互动。班级阅读，每个人都可以成为一个发散的点，既发散自己的意义，也接收别人的意义。这样，阅读的意义链条就开始形成了。更为重要的是，在“评”当中，学生习得了方法。

三、利用班刊来征稿

班刊《慧读》的故事还有好多。在共读《会跳舞的小星星》时，我们还专门以班刊选稿为话题上了一堂公开课。教学现场围绕以下两个话题进行征稿：

栏目一：家庭万象

如何理解父母与子女的关系、如何理解父母的爱、我理想的父母、一家人的愿望与烦恼、怎样报答父母的恩情等。

栏目二：幸福争鸣

当米兰的妈妈和男理发师安东逛街，并在待降节将他邀请到家中喝咖啡的时候，米兰感觉他的家就像一个在光滑的桌上滚来滚去的鸡蛋，这时，米兰和安东的儿子托马斯有一段争论：

托马斯突然很认真地说："米兰，你别想着要保护什么。追求幸福，是每一个人的权利。"

米兰也很认真地说："我也是在保护自己的权利。你应该知道，一个人有保护自己幸福的权利。"

托马斯认真地看了米兰一眼："米兰，可是，我要告诉你，用力保护起来的一个家庭，不一定是一个幸福的家庭。"

你赞同谁的观点？为什么？或者，你有没有保护家庭的故事？

活动现场，大家围绕制订的选稿规则挑选稿件，最后在大家的共同努力下，我们在给班刊《慧读》编选稿件的过程中，将阅读进一步推向了深入。

第七节　活动助力

阅读教室的交流活动是趣味激发、意义分享、习惯铸就、文化凝成的重要环节。在班上，我会常态化地组织一些阅读活动为阅读教室构建助力，比如“大声给学生读书”“为‘我最喜欢的图书’投票”“阅读浏览节”“知识竞赛”“书本剧表演”，等等。

一、大声给学生读书

换书时有这样一种现象：喜欢的书学生都想要，不喜欢的谁都不想拿；强迫拿下，翘鼻子嘟嘴巴的。看来，还是要引发阅读兴趣。为了激发学生的阅读兴趣（也是为了告诉学生究竟该怎样欣赏一本书），我就开始大声朗读。我从班级书库中挑选了一本大家平时不怎么关注的《堂吉诃德》大声朗读。我一边读一边讲，将故事的幽默风趣展现给学生，大家的阅读兴致一下子就被调动起来了。这本原来没几个人喜欢的书一下子变得很受欢迎，换书的时候大家就盯着《堂吉诃德》。接着，我转移目标，读他们不怎么愿读的《普希金童话诗选》，结果，下次换书的时候又有不少人盯着《普希金童话诗选》：“老师，我想要这本……”

大声给学生读书是书籍推荐的一种好方式，当然，我觉得，读书时也需要一些技巧的，比如怎么将这本书演绎得比较有趣，怎么适时地抛出一些话题启发学生思考，怎么适时地转移视线推荐下一本书……

二、为“我最喜欢的图书”投票

书目评比活动，比如每半学期组织一次的“我最喜欢的图书”投票活动。

“漂读台”的图书准备更换新的图书了，我想趁着这个机会，对这些图书开展个喜好程度大调查。

我先让学生回忆下，本学期所读的图书中，最喜欢的是哪一本，然后举手汇报，结果，学生说了很多，比如皮皮鲁系列、查理九世系列等等。等班级基本上没有同学提供书目了，我就开始采用举手表决的方式进行调查：喜欢这本书的，把手举起来。于是，就出现了这样的结果：

淘气包马小跳系列：42人；皮皮鲁总动员系列：36人；幻界大冒险系列：13人；皮皮鲁系列：25人；小脚丫走遍天下系列：10人；查理九世系列：41人；大眼观天下系列：8人；数学小眼镜系列：20人；老鼠记者系列：57人……目前班上有61人，从统计结果上看，学生最喜欢的是老鼠记者系列。

三、阅读浏览节

在《打造儿童阅读环境》一书中，读到“阅读区”与“浏览”这两部分，我一下子想到了我的班级图书角。应该说，班级图书角里的图书还真不少，真像一个小型的图书馆了。但是，为了防止图书丢失，不开放时，我会用一把锁将图书角锁起来。这样的“阅读区”能够表征老师对阅读的重视，但是，“阅读区”并没有真正体现其功能。那么多好的图书需要学生去认识去发现。

于是，本着用“浏览”的方式打开“漂读角”的意图，我准备在班级组织一次“图书浏览节”。

中午到教室之后，我组织学生将桌子稍微调整一下，然后将图书角的书全部都搬了出来，铺放在桌面上。教室马上就被图书铺满了。我则坐在前面，静静地观察大家的“浏览”情况。学生浏览的过程是很有意思的，刚开始时，教室里挤挤挨挨，站着的都是人，但是渐渐到了后面，站着的越来越少了，很多同学都坐了下去，唯一不同的是，站着的时候手里没有书，眼里有书；坐下去的时候，眼里有书，手里也有书。

整个“浏览活动”进行了大约五十分钟时间，到最后宣布结束的时候，教室里“唉”声一片。问学生过瘾了吗？有的学生说过瘾了，因为他们看到了很多好书；有的学生说不过瘾，学生说还有好多好书没有发现。王灿说：“老师，我要换书！”我一看，这次“图书浏览节”的目的达到了。

经过这次阅读活动，我发现，阅读活动的组织其实都基于学生已有的阅读现实。关于图书浏览，《打造儿童阅读环境》一书中阐述得并不多，这里，我想进一步谈谈我的思考。

1. 图书浏览，能够帮助学生找到自己感兴趣的图书。

当五花八门的图书都摆出来的时候，学生一下子兴奋起来，这时候，他们会在各种不同的书中穿梭，寻找到适合自己的图书，而经过一本又一本的挑选，他们最终能找到自己的方向。当然，在这个过程中，选择图书的能力肯定是得到了锻炼，阅读涉猎的视野肯定会得到拓展。

2. 图书浏览能够刺激并生成新的阅读增长点。

如果一直阅读同一本书，比如说，大家最近正在阅读《中华上下五千年》，势必会产生疲倦感。如果此时用其他图书进行刺激，他们会发现原来有趣的图书还有很多，他们就会在当下的阅读基础上生成新的阅读期待。

3. 阅读浏览活动能生发很多自主交流活动。

我观察到有几个男生凑在一起阅读《聊斋》连环画，他们一边阅读一边讨论，这样的场景是比较有意思的。在阅读引领中，同龄人的作用会更大一些。如果没有阅读与交流，同龄人怎么才能发挥促进阅读的作用呢？

阅读教室的活动还可以根据书籍类型的特点，采用适合的方式来进行。

四、《十万个为什么·屋内旅行记》知识竞赛

今天组织了《十万个为什么·屋内旅行记》部分的现场答题、积分活动。

活动准备：

（1）搜集整理《屋内旅行记》部分的知识点，并转化为问题，打印在A4纸上，按照6倍的数量复印，切割成问题条；

（2）做“10分”分数券，用作学生正确答题后的分数兑换；

（3）将问题粘贴到课桌上，每张课桌粘贴4条左右；

（4）从学生中挑选5名评委，并吩咐工作规则。

活动规则：

（1）学生自由选择题目，自主选择一名评委答题，每答对一题，评委

给10分。

（2）学生收集好分数条，活动结束统计得分。

运用这样的“答题方式”比教师带领下的逐页梳理对学生而言更容易激发主动性。活动现场，看到有些学生还在临场抱佛脚，拿到问题，赶紧翻书，看明白后再找评委。这种方式其实对这类学生也是一种促动。

五、《三国演义》课本剧的撰写与表演

《怎么表演课本剧》是教材五年级下册第二单元的口语交际内容。这时，我们正好读完《三国演义》（青少版）。教材明确这次口语交际的具体流程如下：

选课文：学过的课文中，哪一篇适合演课本剧？

分角色：不同身份、性格的角色，适合分配给谁？

怎么演：怎么演好故事中的每个角色？

可以从角色的台词、表情、动作等方面进行讨论。如，怎么把课文中叙述的语言改为人物的对话，表演时可以加上哪些表情和动作。此外，还可以想想需要准备哪些服装和道具。

在教学中，我对相关流程根据需要进行了调整，实际教学流程有：学习课本剧的具体写法；以《三国演义》（青少版）为基础，以小组为单位，共同选择其中的一个片段；小组共同讨论，完成所选片段课本剧的撰写。

午休时间，让学生进行了排练，然后请小组上来表演。邀请的三个小组，分别表演了《曹操刺杀董卓》《青梅煮酒论英雄》《刘备三顾茅庐》。我发现学生都很具有表演天赋，虽然没有安排道具、服装什么的，但是他们表演得都很投入，尤其是表演《青梅煮酒论英雄》中曹操的子轩，那么长的台词，说得有条不紊，而且颇有曹操的气势。表演一结束，台下响起

一片掌声。

从学生表演课本剧高涨的情绪中，我发现阅读完全可以和表演结合起来，让学生选择自己感兴趣的段落改编成剧本，然后表演，这样一来既帮学生回顾了书籍内容，进一步体会了主题意蕴，又增加了阅读趣味。

……

活动是阅读教室的助推器，我们可以依据阅读教室构建的不同阶段，采用不同的活动形式为阅读教室构建助力。根据自身实践，我将阅读教室构建不同阶段的活动梳理如下：

阅读教室构建阶段	活动形式	具体操作	主要目的
初始阶段	大声朗读（教师）＋持续默读（学生）＋阅读记录（学生）	教师为学生朗读整本书20分钟左右，关键部分停下来启发学生思考；学生持续默读20分钟左右，并在阅读记录卡上随时记录“我读懂”“我感兴趣”“我还不明白”“我想知道”等方面的内容	主要为了在起步阶段激发学生阅读兴趣、培养学生静心阅读、遇到关键处能停下来思考等习惯
推进阶段	集体共读	教师以班级共读为基础，按照读前推荐、读中跟进、读后交流的阶段，组织学生共读一本书，分享阅读感受	借助“共读”与“自读”相结合的方式，引领学生习得阅读方法，培养阅读习惯
	自主阅读	学生选择阅读教室内的阅读资源，自主展开阅读	

续表

阅读教室构建阶段	活动形式	具体操作	主要目的
倦怠阶段	跨媒介阅读	围绕某一阅读内容，将音频、影片、文字等结合起来阅读	采用生本化、趣味化、生活化的方式，进一步引发阅读动力
	建立阅读共同体	根据同质或异质的标准，帮助学生建立阅读小组，互相激励、互相探讨	
	制作“迷你书”	引导学生围绕自己感兴趣的某一个话题，用手工的方式将一张 A4 纸制作成一本“迷你书”	
	其他		
深化阶段	阅读单导读	教师围绕学生所读的整本书预设出具有目标指向的思考性话题，并伴随阅读的过程循序推进，从而有效观察学生阅读的真实状态并引导学生提升阅读品质	借助多种深度阅读方式，不断深化阅读体悟，完成高质量的整本书阅读
	对话型读书笔记	学生在阅读辅导者创设的多维交互式阅读情境中，借助新颖、别致的对话方式，既与整本书（作者）展开阅读对话，又与阅读辅导者、阅读同伴进行续进对话，从而促进个体阅读不断生长的一种样式	
	其他		

需要说明的是：①阅读教室运行阶段界限并不是如此明晰的，有时可能会出现阶段重叠、往复的现象，需要教师有比较强的观察意识与觉察能力；②阅读教室的活动远不止以上所罗列的种种，也没有固定的形式，需要教师依据实际情况予以创生。

第八节　评价推进

《义务教育语文课程标准（2022年版）》指出“教师可以围绕读书的主要环节编制评价量表，制作阅读反思单，引导学生从阅读方法、阅读习惯等方面进行自我反思、自我改进”。阅读教室打造的过程中，对学生阅读整本书的评价应该是多元的。我尝试过很多有意思的过程性评价方式，有状态描述式、同伴互评式、长线评比式等。

一、状态描述式

所谓状态描述，就是我将自己观察到的学生阅读的现状用语言描述下来，然后再读给学生听，让学生在反思中调整阅读状态。我记得每次读这样的评价时，凡是被描述的学生都是非常意外和惊喜的。

A：一走进教室就拿出了课外书，阅读的时候脸色凝重，目光快速地在书页上扫来扫去，看来故事的情节已经深深地吸引住了他。他阅读的是

《大侦探福尔摩斯》。（补：上学期刚接班时，A经常不能按时完成作业，有一次看到他手臂上有一条紫色的血印，据说是在家不听话被抽的。但在推行班级阅读之后，我发现他的改变非常大，一方面语文作业能够完成，另一方面开始爱上阅读。今天早晨检查时，连他以前不能完成的“微读感”昨天也完成了。我好好地表扬了他。）

B：不知道她看到了什么，突然笑了起来，我猜想可能是看到了有趣的内容。这时，她悄悄地拉了下同座的衣服，看来她将这一段推荐给了自己的同座。她阅读的是《调皮鬼和怪女生》。（补：她一直是一个比较文静的女生，经过一个学期的阅读，我感觉她的文静中透露出了更多的气质。实际上，上学期开学她晚到了一个多星期，据说是住在大山里，车票买不到。）

C：歪着头，目光集中在书页上，从他呼吸的节奏上来看，此时他的呼吸比较平缓，看来已经被故事的情节所吸引。他读的是《神医杜里特在猴子国》。（补：C应该存在着小小的阅读障碍，如果从心理学的角度来说，可能是表达障碍，因为16个字的一句话，他能够写出9个错别字来。目前，我还没有找到合适的方式来帮他调整，唯有将改变的可能交给阅读了。）

D：平时看到她看书的样子令人很揪心，因为只要教室里一有响动，她就会抬头看。不过，今天很特别，她正在读《动物王国历险记》，很专注，尽管手放到了抽屉里，但是我走过去时她拿了上来，也没有抬头看我。（补：D目前的学习状况应该是老师最为担心的，她有大量的字不认识，课文基本上不能完整读完，作业也没有能力做完。曾经请家长到学校沟通孩子的学习情况，家长回家对孩子不是打就是骂。不过，我倒希望她能够真正喜欢阅读，因为她成长的环境中缺乏对她教育的有效因素。）

E：她手中也拿着一本书，但是看得并不专心，一会儿打个长长的呵欠，一会儿摸摸自己的头发，一会儿翻翻自己所读的书，一会儿看看同座的书，一会儿再发发呆……基本上，早晨的阅读时光她就是这样度过的。（补：早晨，我将我的场景描述都读给学生听了，我最主要的目的就是能够让E有所触动，但是，我没有能够从她的脸上看到变化。明天再观察，成长是需要等待的。如果明天还是这样，那我就再读给她听一听，听听她的想法。）

这样的描述有着一种巨大的生发力量，当然也不能一直使用，需要和其他评价方式结合起来使用，才能起到激发、推动作用。

二、同伴互评式

在阅读教室中，每个同学都是自己的阅读小伙伴，在日常评价过程中，我们可以充分发挥阅读小伙伴的作用，让他们互相评价。不过，互相评价时，我们需要预设好评价项目、评价标准等，以方便操作。

《三国演义》已经开始按照阅读计划推进阅读了，阅读过程怎么评价呢？考虑到每天的教学时间，最终还是采用了“设计工具，同伴互评”的方式。我请学生以小组为单位，根据每天的阅读内容拟定6至8道问题，以同桌、前后桌为互评对象，组成互评小组，进行评价。评价时，先在作业本上记录当日阅读计划、序号、括号，示例如下：

P1—20：1（　　）2（　　）3（　　）……

能够不用看书就回答的，在相应题号后面的括号内打两个“☆”，需要看书再回答的，在相应题号后面的括号内打一个“☆”。评价结束，老师再和大家一起将这些问题梳理一遍。用这种方式跟进学生的每日阅读，有这样几个益处：①操作便捷，不需要教师花费太多的精力，评价内容与评价过程主要由学生完成，教师只要根据评价结果来关注学生的阅读状态；②因为操作简便，所以可以每天跟进，让学生的每日阅读都能起到及时跟进的效果；③阅读评价的问题由学生以小组合作的形式完成，涉及的面比较广，对学生阅读的细致程度而言，能起到一个导向作用。

当然，在学生命题的过程中，我还有意渗透了一些关于阅读态度、阅读策略的话题，比如：①阅读这本书的时候，你用了哪些方法？②读这本书的时候，你一口气能读多少页？等等。这样观察学生的每日阅读，可以更全面、客观。

三、阶段性评比

阅读的每一个阶段，都要对学生进行评价，这样才能促进学生反思阅读过程、改进阅读方法，同时也帮助教师优化阅读教室打造方式。不过，在阶段评价过程中，我发现一个很重要的问题，那就是任何评价方式一旦固定下来，学生就会产生适应性。一旦学生适应了评价内容与方式，就会产生懈怠。因此，在阅读教室打造的过程中，我不断根据学生的阅读表现调整着评价的内容与方式。在阅读教室构建之初，为了吸引更多学生的主动参与，在评价的时候，我采用了纯粹关注阅读量的方式；随着学生渐渐加入阅读教室活动中来，我开始关注学生的阅读品质，采用集体交流并评价的方式，一方面让热爱阅读的学生获得展示的机会，另一方面为其他学生树立榜样；过了一段时间，为了将阅读品质的考查落实到每一个学生身上，我采用了同座口头考核的方式；为了让学生将读和写结合起来，我采用了撰写“微读感”的评价方式，为了分享阅读感受，我又推动了学习小组互评“微读感”……

阅读教室的评价，尽管会遭遇很多问题，但主要给学生传达一种理念，那就是以坚持到底的方式，让每一位学生在阅读上所做出的努力都赢得肯定，从而明白只要付出了，不管时间有多久，收获就一定不会缺席。

小　结

应该说，阅读教室为整本书阅读任务群的落实提供了基础和条件，但打造一间朝向学生的阅读教室是充满挑战的。在实施的过程中，我们需要基于整本书阅读视野，关注阅读教室构建的聚焦性、情境性与发展性。

一、基于素养建构，践行长线视野下的一贯设计

阅读素养形成具有多面性、内隐性、个体性、情境性、实践性等特征，因此阅读教室注定是一贯设计，而且在实施的过程中一定要基于目标对设计出的框架与活动等反复进行检视与调整。以阅读教室的评价为例，究竟该如何借助评价推动学生整本书阅读呢？我发现，想一劳永逸地采用单一评价方式来推进学生整本书阅读根本不可能，现实需要教师不断调整评价内容与评价方式，以适应新的形势与需求。为此，我不断调整评价项目，先后从“纯粹关注阅读量”“集体交流并评价”“同座口头考核”“学习小组互评微读感”等角度展开，以期更好地推动学生整本书阅读。

二、立足情境学习，形成交互视野下的认知更新

阅读教室是一个到处都存在着能够更新学生整本书阅读认知信息的地方。“阅读浏览节”上的图书推荐、“‘百感交集’专栏”上的阅读批注、“班级阅读之星”的阅读故事等等，都可能进一步推动学生的整本书阅读。我们需要引导学生去“认知”这些潜在的“认知”。例如，每个月的“阅读之星”评比揭晓了，我们可以将这些“阅读之星”分派到各个学习小组中，让小组成员与“阅读之星”交流，了解别人的阅读故事，分享阅读经验，就这样原本的“静态展示”就变成了“动态互动”。

三、秉持反思改进，推动能动视野下的自我发展

落实整本书阅读任务群，实现阅读素养的提升与成熟读者的培养是阅读教室构建的终极目标。要达成这一目标，经过多年实践，我发现，适时地启动自我反思与自我改进是培养学生阅读能动性的重要途径。教师一方面要借助读情调研的方式，充分展示学生的阅读状态、阅读方法等内隐因素，借助点评的方式引导学生自我关照阅读状态，思考、调整自己的阅读行为；另一方面可以借助阅读展示的方式，提高学生的阅读效能感。在推进阅读教室打造的过程中，我经常借助读情调研、阅读展示等引领学生观照自我阅读状态，让学生不断思考、调整自己的阅读状态，从而更好地规划、发展自己的阅读生活。

阅读教室虽说是学生阅读的外在支持，但如果我们能基于学生真实的阅读世界，构建一种积极、能动、互助的阅读秩序与阅读文化，势必会扎实推进整本书阅读任务群的落实，让学生拥有“自由、自发、自主”的阅读生活。

附录

沙龙研讨：阅读教室打造，如何提升阅读的牵引力

在培养阅读习惯的路上，有这样一个群体特别让老师伤脑筋。自主阅读课上，面对丰富多彩的书籍，他们始终提不起兴趣，有的翻翻这本，看看那本，最后坐在一边自顾自地玩玩具或画图画；有的甚至连翻都不翻，直接把书放在一边，就和其他同学讲起了悄悄话……面对这个特殊群体，“阅读教室”究竟该如何提升牵引力呢？下面就让我们来走进江苏省南通市通州区家纺城小学“阅读教室”打造团队的例会现场，去听一听他们的困惑与思考，并联系他们的相关实践，去寻求对这一问题的解答。

研讨地点：江苏省南通市通州区家纺城小学

主持人：瞿卫华（副校长）

瞿卫华：又到“阅读教室”例会时间，今天，我们交流的话题是“阅读教室打造，如何提升阅读的牵引力？”什么是“阅读牵引力”？从字面上来理解，就是将学生引导到阅读中并助其养成良好阅读习惯的力量。经过一段时间的探索，相信大家都有了不同的做法。下面就听听大家的交流吧！

陈雄鸣：我班上有个孩子叫兰兰，她阅读兴趣不是很大，午读时只是蜻蜓点水式的，翻过就算。我找到她，单独跟她聊天：“你觉得昨天读的《青铜葵花》哪里写得特别好？”她支支吾吾，我又启发：“你能不能把文章开始几页描写芦苇的语句找出来？”她点了点头，随后将描写芦苇的语段找出来。我告诉她这是环境描写，并请她第二天做优句摘抄汇报，她欣然同意。晚上，我与其家长联系，对其摘抄做了进一步指导。第二天，她竟然将那段话背了出来，同学的掌声给她带来了信心。之后隔三岔五，我都会请兰兰上台做阅读汇报。现在来看效果不错，她的阅读兴趣正在逐步提高。孩子需要鼓励和肯定。

瞿卫华：陈老师介绍的案例告诉我们，加强阅读个体的辅导，并让其享受到阅读成就感，有助于提高他们的阅读兴趣。

吴碧滢：对阅读个体加强辅导，我采用的方法是“问题导读”。我班上也有一位阅读基础薄弱的学生，她对读课外书提不起兴趣。每周阅读的讨论时间，我总会和大家一起讨论一些问题，为了激发她的阅读兴趣，我就把“备问题”的权利交给了她。读《夏洛的网》时，我对她说：“你认为，这本书我们可以讨论什么问题呢？”她既惊讶又疑惑，我说：“麻烦你先看下书，然后替我出几个问题吧，谢谢啊！”一天后，她就用小纸条给我递上了问题，我一看，乖乖，竟然罗列了十个问题呢。阅读课上，我把她出的问题投影到白板上，大大地表扬了她一番……就这样，她被我“骗”着读了一本又一本书。如今两个学期下来，她成了我阅读课的“助教”。

徐威力：豪豪的父母是在这边打工的，工作很忙，平时都是由奶奶照顾他的生活。八十多岁的老人了，目不识丁，还经常利用上学和放学路上的时间带着孙子捡垃圾，无形中影响了孙子学习上的信心和自尊心。这孩子每天上学身上都是脏兮兮的，同学们都对他敬而远之，那他的学习更不用说了，一年级第一学期语文期末考直接交了白卷，平时对阅读更是毫无兴趣。那么怎样培养他阅读的兴趣呢？和陈老师、吴老师的做法一样，我也是特别“关照”他。在阅读课上，我每次都特地让他来读一小段。刚开始，他只能在我的鼓励下读小半句话，但是我给了他充分的肯定；后来，他渐渐地能完整读一句话了，同样，我也给了他充分的肯定。就这样，我抓住一切机会对他在阅读方面给予恰当的引导、点拨、释疑、解惑，他感受到了我对他真诚的关心，慢慢地爱上了阅读，爱上了语文。他的自信在一点点找回，现在的他最喜欢做的事情，就是捧上一本书津津有味地品味，然后和同学、老师一起分享阅读的感悟和乐趣。

瞿卫华：阅读基础薄弱的个体，并不是说他们不喜欢阅读，而是他们还没有能够品尝到阅读的乐趣，真的是需要阅读辅导者用十二分的耐心，用“特别的爱”去“牵引”他们。

徐胜：通过一段时间的打造，我们五（5）班已经形成了良好的阅读习惯。班上的鹏鹏同学语文基础知识掌握得尚可，而阅读效率一直徘徊不前。在与家长交流后，觉得可以尝试听读的方法。我把“喜马拉雅”App介绍给家长，一周下来，很多家长都感到极其欣慰，来告诉我：“我们可以和孩子一起听，孩子的兴趣大增。”第一周属于尝试，有了良好的开端，我开始有计划地布置任务。我帮鹏鹏同学选定的任务是《呼兰河传》，当听读了三章后，我打开《呼兰河传》的插图，问他：“从图上你可以感觉到小说描述了怎样的氛围？”鹏鹏有了听读的体验，对小说内容熟悉了，就脱口而出：“荒凉！”我点头表示赞许，并且给他留了新的任务：“小说的开头和结尾反复写到荒凉，是哪些原因使主人公感到荒凉？这是你下一步要从听读中感悟的。”就这样，我以问题与情境结合，多次反复，并进行了螺旋式上升，让鹏鹏同学在听读中有效提高了阅读水平。这样一来，就形成了良性循环。

蔡亚男：我很赞同当阅读兴趣还没有形成时，“听读”先行的办法。我班上有一个叫悠悠的孩子，她知识储备不足，阅读速度慢，对任何类型的课外书都积极性不高，大多时候都是捧着一本书，假装阅读却总不见翻页。班级共读《青铜葵花》时，我借鉴了徐老师的做法，给她推荐了“喜马拉雅”，建议她吃早饭时、睡觉前都可以听。她妈妈告诉我，悠悠回家可积极了，一有时间就在听故事，弟弟妹妹也能跟着一起听。可喜的是，在班里阅读分享会上，她也举起了小手，她还悄悄来问我，听完书是不是也可以在“阅读成长竹”上贴书名？当听到我肯定的回答后，她显得异常开心。

瞿卫华：确实，“听读”可以使一些还没有形成良好阅读习惯的学生先迷恋上“文字”与“故事”。

顾秀莲：我觉得这部分孩子阅读有困难，很大原因是不能全身心投入，缺少专注力，没有耐心。孩子都喜欢游戏，在阅读中加入丰富的游戏，可以让他们在放松状态下完成阅读。在读绘本《爱抱怨先生》时，我让学生尝试把自己当成“爱抱怨先生”，去想象这个人物的语言、动作。看到高山，孩子就会吐槽：“山太高，太难爬，挡住我的路了，真烦人！”吃饭时，孩子就会抱怨：“胡萝卜真难吃！”后来孩子想象各种不同的环境，抱怨越来越多。当游戏结束的时候，孩子们长叹一口气，说：“好累啊，终于结束了，爱抱怨真不好！”有的学生还得出了自己的结论：我们不能每天都抱怨，要开开心心地过每一天！让孩子代入角色，从自己的体验出发，与绘本产生了更直接的联系，获得了更真实的体验。

俞婷婷：在阅读实践中，为了提高学生的阅读兴趣，我也会玩一些游戏，不过，我玩的游戏是“找词语”。学前阶段，学生基本没有什么阅读基础，基本没有多少词语储备，所以，一年级小朋友拿到绘本的时候，当他们看到那么多不认识的字词，就会产生畏难情绪。怎么办呢？我采用的办法是“找词语”，即在阅读过程中遇到的哪些词语已经认识了，记录下来，在班级交流时可以写到黑板上，带领大家一起认识这些“老朋友”。在实践的过程中，我发现，有些学生还将自己阅读时新认识的字词记录下来了。在班级交流的时候，我表扬了这些学生，鼓励大家都努力向他们学习，多识字，多读书。这项游戏玩了一个学期，学生的识字量明显上升，大部分学生阅读绘本基本上没有问题了。

瞿卫华：爱游戏是孩子的天性，阅读推动也要从天性出发。当然，这中间最难的还是需要寻找到合适的游戏项目，只有这样，我们才能真正找到学生阅读的促动点。

顾天一：我班上的念念同学显得与众不同，当其他同学欢欣鼓舞地投入“阅读教室”的怀抱时，他则任外界波翻浪涌，他自岿然不动。借来的书，不看；小组阅读活动，不参加……我明白，他基础太过薄弱，其他同学争相阅读的书籍对他而言和天书无异，没有乐趣，何来喜爱？一次阅读交流时，念念在我的强制要求下拿出了他的珍藏——漫画书《斗破苍穹》。同学们哄堂大笑。他红着脸小声说了句：“好看。”但只爱看漫画，可不是一个好现象。课后我便和念念小组的成员们商量了一下，就用漫画来帮助念念融入集体，爱上阅读。我去图书馆借来了青少版的《三国演义》，交给念念一个新的任务：负责担任组里的“小漫画家”，和小组里的同学一起读“三国”，将书中的武器画出来。男孩子对于武器军事类有着天然的热爱，在小组同学的帮助下，他艰难地读完了整本书，在画纸上绘上了他想象中的三国英雄使用的武器。青龙偃月刀、方天画戟等，念念用绘画的方式连接了阅读与他自己，从一言不发到磕磕巴巴地发言交流，他渐渐融入了小组学习之中。在阅读交流课上，念念所在的小组以别具匠心的“三国武器谱”向同学们讲述了他们眼中的三国英雄，赢得了同学们的阵阵掌声。用漫画的方式，念念在其他同学的帮助下慢慢地前进着，将一个个鲜明的人物、生动的情节记录于笔端。久而久之，他也终于爱上了阅读，开始大量阅读积累了。我想，如果无法推动云朵时，或许我们可以换种方式——以清风拂之。

瞿卫华：顾老师的做法是抓住了念念的兴趣点。我觉得要培养这部分学生的阅读兴趣，可以采用活动推动的方式。我采用的方法是举行“班级浏览节”。怎么做的呢？就是将教室的课桌摆成“U”字形，然后将班级“漂读台”里面的书全部搬出来，放在课桌上，就像书展一样。我有意观察了一个平时不喜欢阅读的学生，他先是在教室里东跑西撞，我正担心他会继续下去的时候，他突然在一套绘本《聊斋》旁停了下来，然后开始一本一本地看，一直到“浏览节”结束。我感觉，要想将这些还没有形成良好阅读习惯的学生裹挟进去，让他们自主寻找自己喜欢的阅读内容也不失为一种好方法。

宋燕：和瞿老师一样，我也打了“喜欢牌”，不过，我同时采用了“架梯子”的方式，让学生的阅读层次不断地爬高。班上有个小女生乐乐，每到午读时间，就躲在书后打一会儿瞌睡。经过了解后我发现，乐乐并不喜欢家长给她购买的那些课外书籍，也不喜欢老师推荐给大家借阅的共读书籍。知道了原因后，再一次借书时，我就带上了她，让她自己去挑选一些喜爱的书籍。但这些书籍得暂时放在我身边保管，换取这些书的条件也很简单，午读时间不打瞌睡可换取第一本，读完第一本并在小组里和同学交流自己的所得，即可再换取第二本，读完三本并交流了自己的所得，即可评为本月的“阅读之星”。获得了“阅读之星”，让她在阅读中尝到了甜头，也渐渐开始对阅读有了兴趣。兴趣是最好的老师，随着给她设置的阅读梯度越来越高，她也逐渐跟上了班级的大部队，从内心深处产生了阅读的主动性。

瞿卫华：听了大家围绕“如何提升阅读的牵引力”所展开的各项实践，我也收获良多。梳理下，我感觉有这样两个关键词：一是“智慧”，每位阅读基础薄弱的学生都有其各自的原因，我们需要找到原因并科学、合理地制定出相关的辅导方案，这需要我们实践“阅读教室”的教师们的智慧；二是“坚持”，每项做法，究竟怎样才能让它产生实效，最关键的就是边实践、边反思、边调整，因为任何方式都不可能一蹴而就，让每一位阅读基础薄弱的学生从不喜欢阅读到爱上阅读，无一不浸透着“阅读教室”教师们的辛勤与汗水！

学生征文：我的读书故事

在通州区家纺城小学阅读教室打造一年之后，我在班级组织了“我的读书故事”征文活动，没有想到，我读到了很多具有心灵发现的作品。所谓心灵发现就是在作品中能够读到作者与生活的真实互动、对经历的真诚体验。下面选择几篇以飨读者。

我与“微读感”写作

通州区家纺城小学四（3）班　李洋博

新的学期到了，天气也暖和了，我成了四年级学生，我们的语文老师从学校图书馆给我们借了很多的图书。

老师给我们每一个同学发了一本书，让我们每天读完书后写“微读感”。一向不喜欢读书的我听了这个消息之后很烦恼，又要读书，读完后还要写“微读感”，真烦啊！放学后，我写完作业，就开始写“微读感”，但是我还没看书呢，怎么能写出“微读感”呢？我只好放下手中的笔，去看书了，但看了一会儿，我还没想出“微读感”究竟该怎样写，于是我就不看书了，直接抄书后面的内容。

过了几天，我准备到“漂读台”那里换书。这时，我最好的同学小D也来换书了，他给我推荐了一本书，我就把那本书拿走了。放了学，我回到家就看小D推荐给我的那本书，看着看着，我就入了迷，这本书真的很好看。看完了我就去写“微读感”了，我把脑子里想的东西全部写了下来。第二天，到了学校，我把我写的“微读感”交给了老师，老师夸我写得还不错，继续努力。

就从这次开始，我喜欢上看书，喜欢上写“微读感”了。到了月底，我的作品还被评为优秀，我很开心。

现在我觉得写“微读感”也没什么困难，非常简单。你要么写书里面的主人公是怎样的人；或者写他（她）做了什么让你感动的事情；或者写你对书的评价，这本书究竟哪里写得好，哪里写得不好……

“阅读之星”评比进行曲

通州区家纺城小学四（3）班　杨海悦

今天要评比“阅读之星”了，好激动！也不知道这次是谁会被评上呢！

语文老师进来了！大家都激动地想要知道谜底——语文老师开始宣布了，那些被评上的人恨不得站起来，敲锣打鼓。而没有被念到名字的人也不灰心，继续听。最后念完了，老师请他们上讲台。大家个个摸不着头脑。老师问他们谁先上，接受大家的提问。原来是这样啊，可他们一个个犹豫不决。哎，等等，等等！有人上前了，大家个个举起手，争先恐后地发言、提问。被问到的人一时接不上话，语塞了。老师见状，立马帮他解围：“大家别急，一个一个问，你们看他被你问的，都答不上话来了。”大家这才注意到他的脸色，立马安静下来。这位好不容易回答完问题，下一位“候选人”开始接受提问。

评比完了，“阅读之星”们在讲台前合影留念，其他同学都直冒“红心”，巴不得站在讲台上的是自己，完全忘了自己发出去的连珠炮……

这是班上举行的第一次“阅读之星”评比，大家还不熟悉，等以后就习惯了。我相信，下一次“阅读之星”一定有我！

我与《火车“玩具猫”》不得不说的故事

通州区家纺城小学四（3）班　陈明辉

我与《火车“玩具猫”》有着不得不说的故事，你想知道吗？好啊，我来告诉你，这个故事在我的记忆里是这样子的。

“我看完了一本书，准备去换。突然看到《火车‘玩具猫’》这一本。这本书的封面是一只猫，其他的都是一些风景。这本书是有好几个故事，分别是《诸葛二侠》《火车‘玩具猫’》《笨狼历险记》和《‘冰’‘火’‘电’三侠》。”

“我在吃中午饭的时候都是一边看一边吃。下课时，不是出去玩而是在教室里面看书。当时好多同学都想拉我出去玩，可是他们无论怎么说我都没有出去。”

“回到家，我在邻居家写作业，一写完作业我就开始看书，当时我的邻居很好奇，因为在他的眼里我是第一次把书带过来读的。所以他就问我借这本书。结果，当天我没有来得及向他要书，第二天我没有及时把书带到学校不能接着读，又伤心又生气。晚上到邻居家，我顾不上写作业就向他要回了书继续看。”

“当我要换书的时候，有一些不想换的情绪。最后，为了读其他书，我还是很不舍地换了。当别人借走这本书的时候，我的心里还有点失落呢！”

“不过，最后，我还是将这本书又借过来看了五遍！”

这就是我与《火车“玩具猫”》不得不说的故事。怎么样，还比较精彩吧？

我的读书好伙伴

通州区家纺城小学四（3）班　何豫秋

又是晴朗的一天，外面阳光明媚。今天，我向你介绍我的读书好伙伴——小 Z。

小 Z 是一个活泼、可爱、漂亮的女生，学习成绩中等。头发是直的，耳朵上有个黑痣，像戴了耳环。不大不小的眼睛，喜欢蓝色，不大不小的鼻子，嘴巴红红的，皮肤不黑也不白。

她给我介绍的书有好多，比如说《皮皮鲁和罐头小人》《男生女生大作战》《调皮鬼和怪女生》等，当她滔滔不绝地给我介绍的时候，我都不知道该看哪一本了，因为都太好看了。

我们经常一起去“漂读台”找书，有特别好看的书她还特意给我留着。

小Z给我介绍的书中我最喜欢的还是《调皮鬼和怪女生》。她是这么说的：“何豫秋，这本书好好看，笑死我了。你过来看这一页，上面写着，四个调皮鬼中的一个对坏女生说：‘苏大姐，苏大妈，苏奶奶。’这好笑吧？把我的肚子都笑疼了。”我说：“你看完了，能给我看吗？”她说：“好呀！”我的心里乐津津的。

在我的眼中，小Z是一个开朗的女孩，因为她乐于分享。有时我们会分享食物，当然，更多的还是书。

她给我讲书的时候，我都认真地听，说到好笑的地方时，我都会笑出声来。当然，我读到什么好书，也会和她分享，因为我喜欢看到她笑。

这就是我的读书好伙伴。

我和“漂读台”的故事

通州区家纺城小学四（3）班　李　爽

这一学期，我慢慢地喜欢读书了！可不仅仅是我，而是我们全班呢！

这一天，天气晴朗，阳光明媚。其他班都在安安静静地午休。只有我们班是闹哄哄的。我们班一共有60人，有大约一半的人，都去“漂读台”换书了，这也没有什么奇怪的！这是因为大家可喜欢看书了！突然，我看见两个人，他们是：小A、小B。他们平常最不喜欢的就是读书，他们也挤在中间，我有点好奇！

我把数学作业写完了，看到还有那么多人，我疑惑不解地问小C：“今天怎么回事？怎么这么多人去换书？”小C朝我撇撇嘴：“啊？你还不知道老师今天把‘漂读台’的书都给换成新的了吗？难道你不想去借点新书过过瘾？”我恍然大悟。

我当然也想去，可是看看“漂读台”的人实在太多了，被围得像个铁桶似的，想进去的进不去，想出来的出不来。好不容易有个同学挤出来，竟然是从同学们的脚边爬出来的。我犹豫再三，决定还是等一等再换新书。

可是一直到下课还是有很多人……一连几天都是这样，我连一本新书还没有来得及换。终于有一天，趁大家都急忙去上体育课的间隙，我从“漂读台”换了一本新书——《哈利·波特与魔法石》。

哎，这就是我们班的“漂读台”，是不是很热闹？

参考文献

1. 中华人民共和国教育部．义务教育语文课程标准（2022 年版）[S]．北京：北京师范大学出版社，2022.

2. 施良方．课程理论：课程的基础、原理与问题 [M]．北京：教育科学出版社，1996.

3. 米哈里·契克森米哈赖．心流：最优体验心理学 [M]．张定绮，译．北京：中信出版集团，2017.

4. 玛丽安娜·沃尔夫．普鲁斯特与乌贼：阅读如何改变我们的思维 [M]．王惟芬，杨仕音，译．北京：中国人民大学出版社，2012.

5. 李红恩．学校课程评价的意蕴、维度与建议 [J]．教学与管理，2019（34）.

6. 瞿卫华，王笑梅．瞧，这个有趣的家伙——《子涵童书·曹迪民》人物赏析教学实录与评析 [J]．小学语文教学，2012（19）.

7. 滕衍平．整本书阅读要在“整”上下功夫 [J]．教学与管理，2019（11）.

8. 戴维·伯姆．论对话 [M]．王松涛，译．北京：教育科学出版社，

2004.

9. 莫提默·J. 艾德勒，查尔斯·范多伦．如何阅读一本书．郝明义，朱衣，译．北京：商务印书馆，2014.

10. 约翰·杜威．我们怎样思维·经验与教育［M］．姜文闵，译．北京：人民教育出版社，2005.

11. 郭姜燕．布罗镇的邮递员［M］．上海：少年儿童出版社，2016.

12. 朱自强．儿童文学概论［M］．上海：华东师范大学出版社，2009.

13. 汤汤．汤汤自述：“奇幻童年故事本”这样来到［N］．中华读书报，2017-07-05.

14. 周益民．《水妖喀喀莎》：伟大的美丽和悲怆的崇高．中华读书报，2017-09-13.

15. 汤汤．水妖喀喀莎［M］．浙江：浙江少年儿童出版社，2016.

16. 浦漫汀，梅沙，张美妮．儿童文学教程［M］．山东：山东文艺出版社，1991.

17. 朱自强，何卫青．中国幻想小说论［M］．上海：少年儿童出版社，2007.

18. 王万清．读书治疗［M］．广东：广东世界图书出版公司，2003.

19. 贾兰坡．爷爷的爷爷哪里来［M］．湖北：湖北科学技术出版社，2013.

20. 王少非等．促进学习的课堂评价［M］．上海：华东师范大学出版社，2019.

21. 王润，张增田，章全武．核心素养：课程评价的时代追求［J］．教育理论与实践，2018（4）.

22. 吴璀，魏阳莉．儿童整本书阅读课程实施与评价——以成都市龙泉驿区第五小学校为例［J］．中国教育学刊，2021（7）.

23. 韩雪屏．语文教育的心理学原理［M］．上海：上海教育出版社，2001.

24. 钟启泉．儿童阅读的本质及其环境设计［J］．中国教育学刊，2019（5）.

后记

课程视野下整本书阅读，我已经做了近二十多年。之所以能坚持这么长时间，主要是因为在这二十多年中，我一直在围绕“儿童智慧阅读研究”这一方向申报课题、展开研究。我先后主持了江苏省教育科学规划“十一五”“十二五”“十三五”“十四五”立项课题，它们分别是“儿童智慧阅读研究”“建基于‘学’的儿童智慧阅读操作体系创构研究”“杜威经验哲学视野下儿童智慧阅读操作体系创构研究”“智媒时代‘儿童智慧阅读体系’建构研究”。这些课题从不同的角度，引领我对如何让儿童“智慧地读”与“读出智慧”形成自己的理念与实践。

在这些年的探究中，我一直将课程视野下整本书阅读的构建作为课题研究的重要内容，先后探索过其中很多项目，比如阅读单导读、对话型读书笔记、整本书读后交流、阅读教室打造、阅读教师培养、学校“读”文化构建等多项内容，本书收录了大部分的实践成果。

回想探索过程，虽然历经诸多坎坷，但也时常体会到成功的喜悦。感谢我的导师们，他们为我的课程视野下整本书阅读构建进行过很多及时有效的指导；感谢南通市通州区实验小学的王笑梅书记、蒋晓飞校长、朱国忠主任等，从教二十多年，有十多年的时间在南通市通州区实验小学工作，这里是我研究的起源地、发展地，学校的领导、老师对我的研究都进行过很多切实有效的指导；感谢南通市教育科学研究院小学语文教研员王爱华老师，至今我都记得当时她邀请我参加南通市小学语文教师读书会，并指导我在全市的整本书阅读教学论坛上发言、执教公开课；感谢南通市中小学名师培养导师团王笑君团长、郭志明副团长、袁炳飞副团长、祝杭斌秘书长等，当时我在南通市通州区家纺城小学做“读文化”时，他们曾经给予非常真切的指导，后来，他们还指导我围绕“儿童智慧阅读”提炼教学主张；感谢亲近母语徐冬梅老师，当时我也参与过亲近母语的一些项目，受益匪浅；感谢南京市琅琊路小学周益民老师，虽然我们远隔数百里，但他是我课程视野下整本书阅读设计与实施的引路人，他曾经带领我做过很多项目；感谢南京师范大学教师教育学院管贤强副教授，他对本书的体例安排提出了宝贵的建议……

感谢陕西人民教育出版社的副总编辑姜莹，虽然素昧平生，但一联系，发现竟然都是整本书阅读的爱好者与实践者，她一直关心、推动着这本书的出版与发行；感谢陕西人民教育出版社编辑姚电，从书稿的审校、装帧设计到下厂印刷，琐碎而忙碌……自己的第一本书能够在陕西人民教育出版社出版，我感到幸运、幸福！

感谢我的学生们。这二十多年间，我曾经走过三所学校，南通市通州区实验小学、南通高新区小学、南通市通州区家纺城小学。在这三所学校中，我和我的学生们一起读书，早晨读、中午读、晚上读，我们读了很多书，做了很多有关读书的活动，其中有相当一部分学生也因此爱上了阅读。当然，最为重要的是，在和他们一起阅读的过程中，我在不断地探寻、发现着阅读的秘密。

我也感谢我的家人们，他们对我的研究给予了无私的支持。我的爱人也是阅读的爱好者与研究者，她经常和我分享她的阅读收获；我的两个孩子也是“阅读就是学习”的实践者，他们沉浸阅读的状态经常会勉励我去探究更多对人生成长富有意义的阅读书目，去实践更科学的阅读策略。

因为篇幅的限制，需要感谢的人还有很多，此处就不一一列举了。

过去的已经成为过去，虽然过去的二十年，我对课程视野下整本书阅读已初步形成了自己的理解与操作，但面对着日新月异的时代，这些仍然是不够的。接下来，我需要继续锚定课程视野下整本书阅读的设计与实施这一方向，继续孜孜不倦，去寻找我的方向和天地。

因为个人才疏学浅，书中内容难免有粗陋、不足之处，还恳请广大读者批评指正。